中华当代学术著作辑要

中国金融制度的选择

谢平 著

图书在版编目(CIP)数据

中国金融制度的选择/谢平著.—北京:商务印书馆,2023

(中华当代学术著作辑要)
ISBN 978-7-100-21651-7

Ⅰ.①中… Ⅱ.①谢… Ⅲ.①金融制度—研究—中国　Ⅳ.①F832.1

中国版本图书馆 CIP 数据核字(2022)第 165575 号

权利保留,侵权必究。

中华当代学术著作辑要
中国金融制度的选择
谢　平　著

商　务　印　书　馆　出　版
(北京王府井大街36号　邮政编码100710)
商　务　印　书　馆　发　行
北　京　通　州　皇　家　印　刷　厂　印　刷
ISBN 978-7-100-21651-7

2023年1月第1版　　　开本 710×1000　1/16
2023年1月北京第1次印刷　印张 10¾
定价:68.00元

中华当代学术著作辑要
出 版 说 明

学术升降，代有沉浮。中华学术，继近现代大量吸纳西学、涤荡本土体系以来，至上世纪八十年代，因重开国门，迎来了学术发展的又一个高峰期。在中西文化的相互激荡之下，中华大地集中迸发出学术创新、思想创新、文化创新的强大力量，产生了一大批卓有影响的学术成果。这些出自新一代学人的著作，充分体现了当代学术精神，不仅与中国近现代学术成就先后辉映，也成为激荡未来社会发展的文化力量。

为展现改革开放以来中国学术所取得的标志性成就，我馆组织出版"中华当代学术著作辑要"，旨在系统整理当代学人的学术成果，展现当代中国学术的演进与突破，更立足于向世界展示中华学人立足本土、独立思考的思想结晶与学术智慧，使其不仅并立于世界学术之林，更成为滋养中国乃至人类文明的宝贵资源。

"中华当代学术著作辑要"主要收录改革开放以来中国大陆学者、兼及港澳台地区和海外华人学者的原创名著，涵盖语言、文学、历史、哲学、政治、经济、法律、社会学和文艺理论等众多学科。丛书选目遵循优中选精的原则，所收须为立意高远、见解独到，在相关学科领域具有重要影响的专著或论文集；须经历时间的积淀，具有定评，且侧重于首次出版十年以上的著作；须在当时具有广泛的学术影响，并至今仍富于生命力。

自1897年始创起，本馆以"昌明教育、开启民智"为己任，近年又确立了"服务教育，引领学术，担当文化，激动潮流"的出版宗旨，继上世纪八十年代以来系统出版"汉译世界学术名著丛书"后,近期又有"中华现代学术名著丛书"等大型学术经典丛书陆续推出,"中华当代学术著作辑要"为又一重要接续,冀彼此间相互辉映,促成域外经典、中华现代与当代经典的聚首,全景式展示世界学术发展的整体脉络。尤其寄望于这套丛书的出版,不仅仅服务于当下学术,更成为引领未来学术的基础,并让经典激发思想,激荡社会,推动文明滚滚向前。

商务印书馆编辑部

2016年1月

目 录

前言 ··· 1

第一篇 中央银行·货币政策

第一章 中国的中央银行制度选择 ································ 5
一、中央银行的规模 ··· 5
二、中央银行行为分析 ·· 8
三、中央银行的独立性问题 ···································· 19

第二章 中国货币政策的理论与实践 ································ 24
一、关于货币政策目标的争论 ···································· 24
二、货币政策中介目标的选择 ···································· 27
三、转型经济中的通货膨胀和货币控制 ·························· 37
四、关于货币政策操作的几个问题 ································ 44

第三章 中国的存款准备金制度研究 ································ 52
一、基本内容和历史沿革 ·· 52
二、基本特点及与国外的比较 ···································· 60
三、商业银行备付率实证分析 ···································· 64
四、存款准备金制度与中央银行的货币政策 ······················ 72
五、存款准备金制度对商业银行的影响 ·························· 76
六、存款准备金制度的改革设想 ·································· 85

第二篇　利率·储蓄

第四章　中国利率市场化改革研究 91
　　一、利率体系现状分析 91
　　二、利率市场化与专业银行的商业化改革 105
　　三、利率市场化改革的外部环境研究 111
　　四、利率市场化改革的方案与具体步骤 120

第五章　中国经济制度转轨中的个人储蓄行为 126
　　一、个人收入与储蓄增长 126
　　二、制度变迁对个人储蓄行为的影响 129
　　三、储蓄存款的利率弹性问题 133

第三篇　金融市场

第六章　中国证券市场的制度性分析 141
　　一、对我国证券市场的制度经济学分析 141
　　二、我国证券市场的金融风险及其对策 145

第七章　中国外汇体制选择 153
　　一、我国外汇体制改革的时机和条件 154
　　二、人民币汇率制度的选择 156
　　三、我国外汇市场模式的选择 160
　　四、外商投资企业外汇管理问题 162

参考文献 165
后记 166

前　　言

　　一个国家的金融制度包括金融机构、金融市场、金融法规、货币政策、利率体系和支付系统等一系列要素,一个有效率的金融制度对一国的经济稳定和经济发展起着至关重要的作用。这些作用主要体现在以下几个方面:

　　(1)一套健全的法规约束着政府、企业、个人、金融机构之间的金融交易,以减少交易过程中的违约风险以及由此引起的不确定性;

　　(2)一个稳健的中央银行以及行之有效的货币政策,使币值能保持长期稳定,它是一切经济活动和经济发展的基础;

　　(3)有效的金融机构、金融市场和多种金融工具,使投资者有多种选择,从而可以最大限度地吸收储蓄,高储蓄是经济发展的源泉;

　　(4)有效的金融机构和金融市场,加之灵活的利率体系,可以使储蓄更多地转向最有效率的投资,进而促进经济增长;

　　(5)高效率的金融机构和支付系统可以减少交易活动的成本,加速资金周转;

　　(6)高效率的金融市场可以提供充分的信息,以减少人们在交易活动中为收集准确信息所付出的成本,并使资本(储蓄)流向最有效率的地方;

　　(7)灵活的市场利率体系可以准确反映资本供求状况,是达到宏观均衡和提高企业微观效率的有效机制。

　　这些观点已有大量文献予以论证。马科斯维尔·弗莱的大作《经济发展中的货币、利率和银行》①也许是近年来这方面最好的理论综述。世界银行1989年的《世界发展报告》的主题专门定为"金融制度与经济发展",②从发展中国家的历史进程论述了这一主题,在全世界引起很大反响。

上述七个方面的结论实际上也已给出了关于金融制度是否最优的价值判断标准。剩下的问题是:中国应该以何种方式达到这样一个金融制度?存在哪些制约条件?在这样一个选择过程中要付出什么代价?也可以说,这是一个全面的金融体制改革理论问题。

1993年12月,国务院发布了《关于金融体制改革的通知》和《关于外汇管理体制改革的通知》,从此开始了我国第二轮金融体制改革,但改革中仍然碰到许多尚未解决的理论问题。在以下各章中,我将联系近15年来我国金融改革和发展的实际进程,提出一些问题,作出一些判断,并分析一些可选择的途径。

---

① Fry, Maxwell J., *Money, Interest, and Banking in Economic Development*, Johns Hopkins University Press, 1995.

② World Bank, World Development Report, 1989. New York, Oxford University Press, 1989.

第一篇 中央银行·货币政策

第一章　中国的中央银行制度选择

1995年3月通过的《中国人民银行法》是我国金融发展史上的一个里程碑,它确立了我国的中央银行体制,即在国务院领导下的独立执行货币政策的中央银行宏观调控体系。

中央银行是人类最伟大的发明之一。在信用货币制度下,必须要有中央银行,这也是一种强制性制度安排。至于这个中央银行的存在形式、法律地位、业务集合、与政府的关系、运作方式和组织结构,那就是制度选择问题。中央银行的存在又以政府和法律的强制性为前提。在我国,从人民币发行之日起,中央银行实质上已经存在。当时的中国人民银行是很独特的,它不仅是中央银行,可以发行货币,而且也是商业银行,办理对非金融部门的存贷款和结算业务,可以说是一个垄断全国一切金融业务的全能银行。从1984年起,中国人民银行专门行使中央银行职能,至1995年已有11年。正是在这11年中,中国人民银行一直在探索"如何成为真正的中央银行"。但现实表明,中国人民银行在这11年中走了一些弯路,在这个选择过程中付出了不少成本,其中所出现的一些问题很值得分析。

一、中央银行的规模

中央银行理论在20世纪80年代和90年代的经济文献中数量剧增,这与中央银行在全球经济中的地位至关重要有关,阿里克斯·库克尔马的近著《中央银行战略、可信程度和独立性》①作了很好的理论综述。但是,在我所见的文献中,从没见过对中央银行规模的分析,也许理论家们以为这不成为问题,但这个问题在我国却值得分析。

从抽象理论层次上,肯定存在着一个适应金融发展和经济运行的最优中央银行规模,如中央银行应有多少分支机构,应有多少工作人员,应有多少官员。但是,就如同给出政府的最优规模一样,想对中央银行给出一个明确的数量范围肯定是不可能的。因为中央银行作为一种制度安排,其内在的技术函数是无法确定的,如人员素质、技术装备、工作效率和职能变化等。特别是在我国经济转轨过程中,中央银行与其他政府部门的职责划分还有很大争议,一直在变化之中。中央银行职能在1995年的《中国人民银行法》中才大致明确。但是,从我国中央银行1984—1994年分支机构、人员、资产总量这三项指标的增长情况看,我国中央银行无疑是目前世界上规模最大的(见表1-1)。

表1-1 1985—1994年中国人民银行人员、分支机构和总资产增长情况

年份	人员(人)	分支机构(个)	总资产(亿元)
1985	58180	1148	2735.9
1986	103387	2336	3344.7
1987	117896	2389	3838.6
1988	131827	2431	4627.6
1989	141272	2462	5744.1
1990	157961	2519	7226
1991	166309	2531	9010.8
1992	173692	2550	10168.6
1993	183242	2534	13387.2
1994	188573	2529	17587.6

资料来源:《1991中国金融年鉴》,第190页;《1992中国金融年鉴》,第517、574页;《1993中国金融年鉴》,第469页;《1994中国金融年鉴》,第508、582页;《1995中国金融年鉴》,第464、579页。

---

① Alex Cukierman, *Cental Bank Strategy, Credibility, and Independence: Theory and Evidence*, Cambridge. MIT Press, 1992.

从表 1-1 可以看到，我国中央银行在这 10 年中规模迅速扩张，主要表现在人员与分支机构上，中央银行总资产迅速增加与金融发展和货币政策有关，本书以后章节还会分析。如果与国外中央银行的规模相比，我国的中央银行是目前世界上历史最短、规模最大的中央银行。

1994 年，不包括中国人民银行所属印制企业的职工、行属院校的教职工和招待所职工，中央银行工作人员是 150700 人，其中总行 2338 人，省级分行 11628 人，计划单列市分行（也算一级分行）5068 人，其余均属地区（二级）分行和县级分行的工作人员。由此可见，人多与分支机构数量是相关联的。现在以中央银行工作人员 150700 人为基数，看一下 1994 年我国中央银行的几个相对指标：人均央行总资产为 1167 万元；人均 M2 为 3113 万元。① 因为一定时点的一国 M2 总余额可基本反映该国金融资产总量、可贷资金总量和金融发展程度，把该总量除以中央银行的工作人员总数，可以相对说明央行的规模和效率。同样上述两个指标，1990 年美国联邦储备体系工作人员总数为 23843 人，当年年末央行总资产为 3316.6 亿美元，人均央行资产是 1391 万美元，人均 M2 为 1.4 亿美元。② 德国中央银行 1991 年年末工作人员总数为 18237 人（总行 2973 人，州分行 1842 人，县级分行 13422 人），当年央行总资产为 3598.6 亿马克，人均 1973 万马克；③ 澳大利亚中央银行 1992 年工作人员为 2249 人（包括印钞人员 273 人），当年年末央行总资产为 316.7 亿澳元；④ 马来西亚中央银行 1992 年工作人员为 2940 人（其中总行 2206 人），当年年末央行总资产为 596 亿马元，

---

① 1994 年年末，我国 M2 总量为 46923.5 亿元，参见《1995 中国金融年鉴》，第 463 页。
② 参见美国联邦储备体系：《1990 年报》，第 231 页；《美联储月报》1992 年 8 月号，第 A11、A14 表。
③ "Report of Deutsche Bundesbank for the Year 1991," pp. 139,146.
④ "Reserve Bank of Australia: Report and Financial Statement, 30 June 1992," pp. 40,49.

M2 余额为 1144.8 亿马元。① 另一些重要的指标有:中央银行固定资产总量的增长速度及其在全国的比重;中央银行人均费用的增长率;中央银行总费用的增长幅度及其在财政总支出的比重。这些指标我国都没有公布。

我国中央银行的规模为什么在 10 年间迅速扩张,达到目前世界第一的水平,主要原因有:

第一,按行政区设置分支行。中国人民银行在 1986 年决定普设地级分行和县支行,当年增加了 1188 个分支行和 3 万多人。中央银行的这一机构格局与我国的行政制度有很大关系。

第二,中央银行的预算约束比较松。由于中央银行一直是中央财政的巨大收入来源,所以中央银行在预算上一直比较宽松,特别是 1986—1993 年,中央银行对财政实行"利润分成"体制,钱多好办事,刺激了中央银行规模膨胀。

第三,中央银行职能长期不确定。特别是一些具体业务该不该中央银行干,一些事情该不该中央银行管,一些责任该不该中央银行负,事先并没有明确规定,而是根据经济运行的实际情况随机决定,一个文件下来就干某件事,结果干的事情越来越多,中央银行的规模也就随之扩张。而事后当某些职能部门停止业务时,规模却缩小不了。

第四,巨大的就业压力。众多人要求进央行工作,加上每年指令性的大学生分配和转业军人安置,使央行人数必然逐年增加。

二、中央银行行为分析

也许是因为长期的计划经济体制,我国各级政府、企业界和经济理

---

① "Bank Negara Malaysia Annual Report:1992," pp. 109,290.

论界,对我国应该建立什么样的中央银行体制一直有争论,争论最大的就是中央银行的职能有哪些?甚至在中国人民银行内部,对此类问题也争论不休。人们一直在探索有"中国特色"的中央银行应该做些什么事?

比较一下 1986 年 1 月国务院发布的《银行管理暂行条例》和 1995 年 3 月颁布实施的《中国人民银行法》中关于中国人民银行职能的有关规定,可以看出一些变化。

《银行管理暂行条例》的规定有:

(1)中央银行、专业银行和其他金融机构都应当认真贯彻国家的金融方针政策,其金融业务活动,都应当以发展经济、稳定货币、提高社会经济效益为目标;

(2)中国人民银行是国务院领导和管理全国金融事业的国家机关,是国家的中央银行;

(3)研究拟订全国金融工作的方针、政策,报经批准后组织实施;

(4)研究拟订金融法规草案,制定金融业务基本规章;

(5)掌管货币发行,调节货币流通,保持货币稳定;

(6)管理存款、贷款利率,制定人民币对外国货币的比价;

(7)编制国家信贷计划,集中管理信贷资金,统一管理国营企业流动资金;

(8)管理外汇、金银和国家外汇储备、黄金储备;

(9)审批专业银行和其他金融机构的设置或撤并;

(10)领导、管理、协调、监督、稽核专业银行和其他金融机构的业务工作;

(11)经理国库,代理发行政府债券;

(12)管理企业股票、债券等有价证券,管理金融市场。

与《银行管理暂行条例》不同,《中国人民银行法》对中国人民银行的职能和业务所作的规定更体现中央银行的特征,特别是一些限制性条款，显示了我国中央银行制度的完善。例如：中央银行不得对金融机构(在央行)的账户透支；不得对政府财政透支；不得直接认购、包销国债和其他政府债券；不得向地方政府、各级政府部门提供贷款；不得向非银行金融机构以及其他单位和个人提供贷款；不得向任何单位和个人提供担保；等等。

从一般的中央银行理论出发，中央银行具有三大基本职能，即货币政策、金融监管和保持支付体系稳定。这是没有争议的。有争议的是有关中央银行的一些具体职能和业务。在 1985—1994 年这 10 年中，中国人民银行的职能始终在扩大，业务越来越多。由此就引发一个很重要的理论问题：中央银行究竟应该干什么，不应该干什么。现有的(以新古典经济学为基础的)货币银行学和中央银行理论并没有像新制度经济学那样，明确界定中央银行和政府、中央银行和财政、中央银行和金融市场、中央银行和商业银行之间的界限。在我国的具体实践中，其主要争论有以下几个方面。

1. 中央银行要不要对经济增长负责

这实际上是有关货币政策目标的争论，即单一目标论和双重目标论的争论。我本人是坚持单一目标论的，①其论证见本书第二章。实际上，从 1986 年至 1993 年，中国人民银行的行为是服从于双重目标的，在前五六年甚至还是以促进经济增长目标为主。问题不仅在于政策目标，还在于在什么目标下就会派生出许多具体业务。一旦中央银行要对经济增长负责，与此相关的业务就要经办。政府其他部门、地方政府、企业也都有了向中央银行要资金、要贷款指标的充分理由，而且

---

① 参见吴晓灵、谢平："转向市场经济过程中的中国货币政策"，《经济导报》1993 年第 4 期。

中央银行的贷款安排也就起了类似财政的功能。在以下有关中央银行业务的分析中,我们从中得出的一个重要理论是,由政策、法规、政府意图决定的中央银行制度实际上也就约束了中央银行业务的选择。其中,政府的意图(或者可以说政府的选择)是起决定性作用的。货币政策的目标,或者说中央银行是否应该对经济增长负责,是中央政府的选择结果。这一选择也就决定了中央银行具体业务的范围。

既然中央银行应该对经济增长负责是政府选择的结果,那么下一步的分析就是,又是什么决定了政府的选择。(1)取决于一国政府对中央银行基本职能的认识程度,这是一个知识问题。在计划体制的大一统银行体制刚刚向中央银行体制转化初期,政府对于中央银行真正的职能的认识还是粗浅的,旧体制遗留的习惯还会起作用。(2)中央银行的货币创造功能使政府能方便地获得大量资金,特别是在我国经济增长过程中对基础货币的极大必要需求,使政府感到可用资金相当多。(3)保持较高经济增长速度的压力大于稳定货币值的压力。上述三个原因在大多数发展中国家具有共性。

我国中央银行的 10 年历程,在当代中央银行理论中是一个很难得的案例分析。从 1985 年到 1995 年,从《银行管理暂行条例》到《中国人民银行法》,也正是从一种中央银行制度安排到另一种中央银行制度安排的演变。从对经济增长负责这一角度分析,它显示了中央银行初期阶段的制度特征。在 1986 年的《银行管理暂行条例》中,明确规定:"(中央银行)其金融业务活动,都应当以发展经济、稳定货币、提高社会经济效益为目标。"(第 3 条) 1995 年的《中国人民银行法》中却已经变为:"货币政策目标是保持货币币值的稳定,并以此促进经济增长。"(第 3 条) 法律条文上的这种变化正是中央银行制度演变的体现,也是我国中央银行制度从不成熟到成熟的一个标志。

2. 中央银行是否具有调整经济结构的功能

这个问题与上述第一个有关经济增长的问题十分相似。中国人民银行原副行长周正庆先生就曾给予肯定的说明。他指出:"我国中央银行除了要保持货币稳定之外,还面临着两项艰巨任务:一是尽可能多地动员国内闲散资金用于生产性投资,并确保国家重点建设的资金需求;二是承担着调整信贷资产结构的任务。"①事实也是如此,中国人民银行调整经济结构的职能十分明确,具体来说,就是在经营中央银行贷款(基础货币投放)时指定专门用途。这也就意味着,中央银行在资源配置中起了直接分配的作用。在 1993 年以前,中央银行贷款基本都是从弥补重点资金缺口投放出去的,且投放出去后相当长时间内占用在农副产品收购、外贸收购、重点建设投资和重点企业技术改造等项目上。下面以 1989 年、1990 年和 1991 年为例。

1989 年中央银行对专业银行(现在称国有商业银行)再贷款新增 845.36 亿元。当年中央银行再贷款用于支持农业和农副产品收购 529 亿元,支持重点建设 145 亿元,支持进出口贸易 50 亿元,清理拖欠 27 亿元,支持大中型工业企业生产 271 亿元,共计 1022 亿元,扣除收回再贷 319 亿元,净增 703 亿元,占当年中央银行对专业银行新增再贷款的 83.2%。同年,财政透支与借款新增 108.1 亿元,金银、外汇占款新增 83.83 亿元。

1990 年中央银行对专业银行再贷款新增 881.08 亿元。中央银行再贷款用于支持农业和农副产品收购 646 亿元,支持大中型企业生产 145 亿元,支持重点建设 127 亿元,外贸收购 24 亿元,清理"三角债" 152 亿元,共计 1094 亿元,扣除收回再贷款 268 亿元,净增 826 亿元,占

---

① 周正庆:《中国货币政策研究》,中国金融出版社 1993 年版。

当年中央银行对专业银行新增再贷款的 93.8%。同年,财政透支与借款新增 116.5 亿元,金银、外汇占款新增 343.28 亿元。

1991 年中央银行对专业银行再贷款新增 822.57 亿元。新增的中央银行再贷款全部占压在政策性资金需要上,其中用于支持农业和农副产品收购 384 亿元,支持重点建设和大中型企业生产 133 亿元,清理"三角债"274 亿元,救灾 31 亿元。同年,财政透支与借款新增 266.78 亿元,金银、外汇占款新增 626.75 亿元。①

中央银行基础货币的初次投放直接用于调整经济结构,与经济运行中的某些重点资金需求直接挂钩,可以说是我国中央银行的又一大制度特征(这种状况在 1994 年起了根本性改变,后面还要论述)。其中一个重要原因,就是在这一阶段我国经济对基础货币的巨大必要需求。假设当初不是这样运作,而是财政大量发行国债,中央银行在二级市场上大量购入国债,然后财政把这些资金用于上述重点需求,在总量效应和结构效应上是同样的。但因为是中央银行直接办理,就需要大量工作人员去计划、计算,去与有关人员谈判,交易的成本就要加大。从上述实例也可以看出,在我国,中央银行和财政的界限始终没有界定清楚。这一界限往往根据经济运行中的具体情况由政府随机决定,如国务院办公会议决定由中国人民银行贷款或财政出资。

从 1994 年开始,情况发生了很大变化。由于外汇体制改革,实行了银行结售汇制度,当年中央银行外汇储备增加 300 多亿美元,由此人民币占款增加 3100 亿元。当年中央银行贷款仅增加 870 亿元。② 由此可见,当基础货币增量中外汇占款占绝大比重之后,可用于"结构调整"的中央银行贷款也就减少了。如果此时还继续将大量中央银行贷

---

① 参见周正庆:《中国货币政策研究》,中国金融出版社 1993 年版。
② 《1995 中国金融年鉴》,第 579 页。

款用于结构调整,通货膨胀的压力就会更大。权衡通货膨胀压力和结构调整压力,在通货膨胀已达到一定水平时,后者就要让位于前者。但这也意味着,结构调整并不是非中央银行承担不可的职能,特别是不一定需要中央银行直接贷款。

3. 中央银行与地区经济增长

由于中国人民银行在各省、自治区、直辖市、计划单列市都有一级分行,这些分行的行为在地方(主要是在省)经济发展中应起什么作用,一直是一个有争议的问题,即中央银行分行是否要对地方经济增长作出贡献？长期以来,从地方政府的角度看,中央银行分行在本地,其主要目标当然就是为本地经济增长出力,这是毫无疑问的。因此,地方政府总是要求本地区中央银行分行向总行争取更多的中央银行贷款投入本地,争取在本地设立更多的商业性金融机构,争取在本地有更大的贷款规模。再加上在1994年以前中央银行分行的职能定位不明确,使得这些分行的地方行为和地方倾向十分严重。

在1994年以前,中央银行的分行有部分贷款权,中央银行对专业银行的贷款有70%是由中国人民银行地方分支行发放的,中国人民银行分支行还直接发放相当数量的专项贷款,全国贷款规模的7%也是由中国人民银行分支行支配的。在这样一种格局下,中央银行分支行站在地方政府的一边,从地方利益出发,向总行争贷款(要资金)、争贷款规模的现象十分普遍,在地方向中央的倒逼机制中起了反向作用。这种情况的出现在于中央银行制度本身,而不在于中央银行分支行受地方政府干预。一是因为中央银行分支行按行政区划设置的制度框架;二是中央银行总行本身授予分支行有贷款权,有对本地区信贷规模的调剂权,有发放专项贷款的业务。所以,从中央银行分支行的行为出发,既然是这样一种制度安排,向总行争取更多资金和信贷规模是一种

"合理行为",因为我不争取其他分支行也会争取。这种无成本的竞争行为可以加强中国人民银行分行在地方的地位,进而也可以增加该分行(或行长个人)在当地的收益,如贷款权力收益、货币收益(直接或间接)、地方政府的封官许愿等等。

本书对中央银行分支行与地方经济增长的责任关系的分析,得出的结论与我国以往的分析结论完全不同。造成中央银行分支行行为对地方经济增长负责的原因,并不是事先就给定的,也不是地方政府的压力和分支行行为的不合理,而是我国中央银行制度安排本身的缺陷。因为上述分支行所具有的权力是总行所给予的,而不是地方政府所给予的。1994 年当上述分支行的权力被取消之后,地方政府也就很快接受了。同样的事情也许在 1987 年或某一年就可以决定。

4. 中央银行应不应发放对非金融部门的贷款

中央银行发放对非金融部门的贷款,可以说是我国特有的。到 1994 年年末,中国人民银行对非金融部门的债权额达 728.3 亿元。[①] 这些贷款基本上都是在 1986—1993 年期间发放的。其主要贷款项目有:老少边穷发展经济贷款、地方经济开发贷款、购买外汇人民币贷款、外汇抵押贷款、金银专项贷款、金融电子化专项贷款、扶贫贴息专项贷款等等。问题的关键是:为什么在确立中央银行体制之后还发放这些贷款。

一般说来,中央银行是不应该对非金融部门直接发放贷款的,但就这一重要原则直到 1995 年的《中国人民银行法》第 29 条才作出了明确的规定。原因并不在于经济中需要这些贷款,这些还贷约束很弱且享受优惠利率的贷款给谁都会要,因为几乎等于白给钱。原因在于中央

[①] 《1995 中国金融年鉴》,第 464 页。

银行本身的动机。一是为了照顾中央银行分支行在地方政府面前有一定地位,有一定发言权,于是以"支持地方经济发展"的名义发放了部分贷款;二是中央银行本身的营利性动机。事后证明,当初决定中央银行直接对非金融部门发放贷款是一种错误的行为,不仅这部分贷款本息回收比例很低,造成了大量的损失,而且损害了中央银行的形象,腐败了部分工作人员,同时也很不利于控制通货膨胀。所以,在1995年纠正了这种错误行为。

5. 关于中央银行自办营利性公司的问题

在1986年至1993年7月之间,中国人民银行及其分支行投资或参股办起了一些营利性公司或经济实体,有金融性公司(如证券公司、城市信用社、融资中心),也有非金融性经济实体。这件事在当时大力发展第三产业的环境下似乎很正常,但却留下了无穷后患。从1993年7月开始要求中国人民银行与所办经济实体和金融性公司"脱钩",暴露出许多问题,才使认识有所转变。这里举例分析中国人民银行直接投资或参股办证券公司的弊端,这也许是1984年以来中国人民银行的一个重大失误。

1991年中国人民银行总行下了一个文件,允许各省、计划单列市分行出资1000万元办(或参股)地方证券公司,由此就新设立了大约47家有中国人民银行股份的地方证券公司。这些证券公司后来或多或少自营了房地产、股票、国债期货业务,大部分发生亏损。更为严重的是,中国人民银行还向这些证券公司融资了大量中央银行贷款,再加上这些证券公司从市场上拆入了许多资金(负债),有些甚至向居民个人发行负债凭证(如国债代保管单)。1993年7月之后,一些证券公司不仅自身亏损(某省证券公司在1995年上海证券交易所国债期货业务中亏损了3亿元),而且还不能按期偿还债务,陷入了支付危机。1994

年年初中国人民银行总行就要求各级分行与所投资的证券公司"脱钩",但迟迟没有结果。其原因之一就是中国人民银行分行害怕暴露问题,害怕承担责任。另外,中国人民银行省级分行1990年以来都组建了融资中心。这些融资中心大多不是公司制的企业法人,而是会员制的非法人组织(有些类似中国人民银行内设组织),但融资中心却大量从事自营拆借业务。到1995年年末,融资中心合计总资产已达300亿元,总负债280亿元,其中有一定比例资产(拆出)已成为呆账。更有甚者,一些融资中心还投资房地产、贷款给企业,成了小商业银行,形成大量不良资产,陷入支付危机。

从以上事例可看出,中央银行自办商业金融机构,由此引起连带负债责任,是绝对危害中央银行履行其基本职责的。中央银行所拥有的货币发行垄断权,以及由此所具有的无限供给资金的能力,是绝不允许用来从事任何商业经营活动的,这与中央银行维护货币稳定和金融监管的基本职责有利益冲突,也极大地损害了中央银行的威信。

6. 中央银行应实行何种财务预算制度

中央银行的运行需要费用,对此,《中国人民银行法》第37条、第38条已作了规定:中国人民银行实行独立的财务预算管理制度;中国人民银行每一会计年度的收入减除该年度支出,并按照国务院财政部门核定的比例提取总准备金后的净利润,全部上缴中央财政。参照对比多数国家中央银行的财务预算制度,大体如此。

这一制度的基本要点是:中央银行的财务预算不受制于地方政府财政,是独立的预算制度,这有利于中央银行的独立性;中央银行不能有营利性动机,不能以营利为目的,净利润应该全部上缴中央财政。

然而,从1986年至1994年,中国人民银行却采取与财政部按比例利润分成的财务预算制度,这一制度在一定程度上导致了中央银行行为的扭曲。在这个时期,中国人民银行年创造的利润以 62∶38 的比例与财政部分成,即 62%给财政部,38%留给中国人民银行。与此同时,中国人民银行给每一分支行也下达利润指标,可按一定比例(各分支行不同)留为分行自用,其中又有一定部分可用于增加职工个人福利。

很显然,这样一种财务预算制度安排具有激励中国人民银行及其分支行创造更多利润的效应,然而这却是一种错误和危险的制度安排。

中央银行的确是一个具有丰厚利润的组织,这是它与一般政府机构(这些机构不能创造利润而依靠财政拨款)所不同的特征。但是,中央银行的利润不是中央银行工作人员创造的,而是因为中央银行具有国家赋予的垄断的货币发行权所产生的。

在我国这十几年经济迅速货币化的过程中,中央银行利润是相当可观的,是货币发行收入,或者说是"铸币税"(Seigniorage)。① 分析中央银行利润的理论完全不同于企业利润理论,遗憾的是它们在财务处理原则上却是同样的,即新增加基础货币和货币发行收入在中央银行财务报表(损益表)上反映为净利润。

由此,在利润分成财务制度下,中央银行及其分支行创造越多的利润,留成就越多。加上分支行又都有贷款权和收利息权,其结果就是:投放基础货币越多,收利息越多,利润留成越多。

这是一种刺激中央银行多贷款(多投放基础货币)的机制。更形象地说,通货膨胀越高,中央银行从中获得的收益也越大,中央银行工作人员的个人收益也因此增加。这显然是一种扭曲的、不利于全体公众的制度安排。这也就是为什么多数国家中央银行不采取与中国人民银行相同财务预算制度的原因。

进一步需要探讨的问题是,为什么上述这种明明是错误的中央银

---

① 参见谢平:"经济转轨中的通货膨胀和货币控制",《金融研究》1994 年第 4 期。

行财务预算制度在我国长期得不到纠正,直到 1995 年才得以纠正。主要原因是理论研究不够,与基础货币投放、货币发行收入、中央银行利润、通货膨胀税有关的理论在我国很少见,有关的知识也就普及不到决策层。另一原因是中央银行的"利益集团刚性"效应。在 1993 年 8 月讨论金融改革方案时,有人提出要取消中央银行"利润留成"制度,这也遭到了来自中国人民银行内部的阻力。

三、中央银行的独立性问题

1995 年 3 月第八届全国人民代表大会第三次会议通过的《中国人民银行法》是我国金融发展史上的一个里程碑,它确立了我国的中央银行体制,即在国务院领导下的独立执行货币政策的中央银行宏观调控体系。这是因为,各国市场经济发展的实际表明,中央银行能否有效地制定和实施货币政策,保持货币稳定,在很大程度上取决于中央银行的独立性。

1. 从立法角度看中央银行独立性的几种模式

从立法角度规定中央银行在政治体制中的法律地位,是决定中央银行独立性的一个重要因素。目前世界上主要有以下四种模式。

第一种:中央银行在法律地位上独立于政府,直接向最高国家权力(立法)机关(如国会、议会、人民代表大会)负责,如美国、德国、瑞典。这样的国家为数不是很多,且一般是联邦制国家。

第二种:中央银行与财政部平行,分别对政府(首脑)负责,等于政府内阁的一个部,如丹麦。

第三种:中央银行在名义上隶属于财政部,但实际上独立性较大,如日本银行、英格兰银行、法兰西银行、澳大利亚储备银行、墨西哥、新加坡的中央银行等。实行这种模式的国家较多。例如,日本银行直属大藏省,大藏省派员作为政府代表参加日本货币政策最高决策机构(银行政策委员会),但政府代表无表决权。又如,英格兰银行不是一个政府部门,但是,1946年英格兰银行法规定,财政部对银行的活动负最后责任,财政部长听取国会的质问,财政部有权向银行发布命令,事实上财政部从来没使用过这项权力。

第四种:中央银行隶属于财政部,独立性较小,如意大利、韩国。

从我国目前的政体看,中国人民银行属于以上第二种模式。这种模式一般具有以下三个特点:

第一,中央银行行长直接对政府总理负责,由于总理作为一国政府首脑一般不可能对央行事务过细过问,因此央行具有较大的自主权。

第二,央行作为政府部门,具有一定行政管理权,可以直接依法行使对金融业的监管权力。

第三,中央银行的重大决策须经总理批准,即在决策上没有完全独立性。从《中国人民银行法》第五条的规定看,除在利率、汇率和货币供应量三方面的决策必须上报国务院批准外,其他货币政策事项人民银行可自行决定并即予执行。从我国的实际情况看,中央银行在货币政策决策上拥有很大的技术垄断性,主要是在信息方面的优势,即中央银行上报的决策方案往往是唯一可选方案,或选择余地很小,使得在技术方面难以否定,决策结果往往符合央行的意图。这种情况也可视为技术独立性,在一定程度上弥补了决策独立性的不足。

2. 我国中央银行独立性的具体体现

中央银行独立性并不是一个抽象的概念,而需要在中央银行日常运行中具体体现。在这些方面,《中国人民银行法》从法律角度确定了中国人民银行的地位以及各项职能。在这次改革之中,有关中国人民银行独立性主要体现在以下几个方面：

第一，货币政策自主权。根据该法第 10 条规定，我国准备在人民银行内设立具有决策权的货币政策委员会，这是中央银行改革的一项重要内容。由货币政策委员会自主制定和决策有关货币政策事宜，往往能更有效地实现稳定货币的目标，而且也是国际上的通行做法。例如，美国联邦储备体系（美中央银行）设有理事会和公开市场委员会；日本银行设有政策委员会；法兰西银行设有法兰西银行董事会；德国联邦银行设有中央银行理事会；韩国银行设有金融通货运营委员会；等等。这些都是在制定货币政策时起自主决策作用的机构，其成员都是长期从事银行工作的官员和货币理论专家，从而可以保证中央银行货币政策决策及其程序的科学化、民主化和规范化。

第二，中央银行相对于财政部的独立性，这是衡量各国中央银行独立性的一个具体标志。由于中央银行具有创造货币的特殊功能，因而长期以来许多国家的政府都希望中央银行能向财政部融资，以弥补政府的开支。这种情况在发展中国家尤为普遍。中国人民银行从 1948 年成立到 1993 年的 45 年中，一直没有同财政部真正割断直接融资联系。中国人民银行向财政部的透支与借款（长期性）余额到 1994 年年末约占当时中国人民银行总资产的 12.2%。除此之外，中国人民银行每年的贷款也有相当部分投向本应由财政支出负担的项目，如贫困地区的公共设施，国有企业的亏损补贴，粮食企业的亏损补贴，非营利性的公共基础设施等。财政部与中央银行之间的这种直接资金融通关系不仅损害了中央银行的独立性，使中央银行不能自主地决定自己的资产选择，更严重的危害是赤字压力有可能造成通货膨胀，从而损害全体货币持有者的利益。在《中国人民银行法》中，我国中央银行相对于财政部的独立性有了突破性进展。该法第 27 条中明确指出：中国人民银行不得对政府透支，也不直接认购政府证券，不得向各地政府提供贷款；中国人民银行不包销政府债券。这样，以后中国人民银行与财政部的直接融资关系基本割断了（见《中国人民银行法》），间接融资关系主要通过中央银行公开市场业务买卖国债来进行。这是国际上的通行做法。

第三，相对于政府其他部委的独立性。这个问题多年来在我国十分突出，主要体现在两个方面：一是一些部委所属的金融机构不服从中国人民银行的监管，如超业务范围经营、超信贷规模贷款等，并且对中央银行的处理不服从，由此削弱了中央银行的金融监管能力；二是向中央银行施加对某些行业多贷款的压力，如在信贷计划安排时争取多安排有利于本行业的专项贷款等，争取更多的优惠利率贷款，平时频频向中央告急"资金短缺"而多要贷款等，实质上就是在有限的基础货币盘子内争取更大的份额。在过去的体制下，政府其他部委的上述行为往往部分奏效，这实际就是参与了货币政策的决策过程。在《中国人民银行法》中，这个问题基本上得到了解决：一是在法律上规定中国人民银行不得为各级政府管理部门提供贷款或担保；二是通过组建政策性银行划清政策性贷款与商业性贷款的关系，堵了中央银行提供基础货币与政策性贷款的路子，堵了政府部委以"政策性贷款"要中央银行贷款的路子；三是在法律中明确了中央银行统管全国各类金融机构业务的监管权。

第四，相对于地方政府的独立性。中国人民银行是按行政区设置，每一省、市和大部分县都有分支行。在这种体制下，多年来地方政府（主要是省、市政府）对当地人民银行的干预比较大，如在人事安排、干部任免、信贷规模、中央银行贷款分配等方面。特别是地方政府向中国人民银行分行施加压力，让其向总行多要贷款和规模，同时较放松对本辖区金融机构和金融活动的监管，设法"钻政策的空子"，由此而造成对整个国家宏观金融调控的干扰是比较大的。也就是说，中央银行在地方经济活动中的独立性较小。《中国人民银行法》对这个问题有了较彻底的解决方案。该法第七条规定,中国人民银行在国务院领导下依法独立执行货币政策,不受地方政府和其他行政机关、社会团体的干涉;第十一条规定,中国人民银行对其分支机构实行集中统一领导和管理,人行分支行机构负责本辖区的金融监督管理;第二十八条规定,各地人民银行不得向地方政府、政府部门提供贷款。由此可以说,在此之后中国人民银行分支行在行政、人事、业务等方面完全独立于地方政府,仅接受其总行的指令,这样才能保证货币政策的有效实施。

第五,其他方面的独立性措施。在这次金融改革中,为了加强中国人民银行的独立性,还决定中国人民银行实行独立预算制度、独立的垂直人事管理体系、独立的养老保险体制、独立的行员工资体制。这些措施均为保障中国人民银行的独立性提供了有利的基础。

第二章 中国货币政策的理论与实践

与东欧计划经济国家相比,我国的经济改革是较为成功的,其最重要的两个指标是:保持了较高的经济增长率;没有发生持续的高通货膨胀。

在1984年以前,我国还没有确立中央银行体制,也没有真正的货币政策。那时,中国人民银行的贷款计划只是国家计委投资计划的一个组成部分,连"货币政策"这个名词在政府文件中都不存在。我国理论界有关中国货币政策的学术文献是在1978年以后才出现的。特别值得一提的是,由于货币银行学是1978年后才在我国起步的,所以我国一开始就接受了西方货币银行学的基本方法论。从1980年以来,西方现代经济学的方法论在研究中国货币政策的学术文献中占据主导地位,而且也深刻影响了我国的货币政策操作。

一、关于货币政策目标的争论

在1995年3月通过的《中国人民银行法》中,有关货币政策目标的第三条款是这样规定的:"货币政策目标是保持货币币值的稳定,并以此促进经济增长。"这一条款以法律形式基本结束了长达15年的有关我国货币政策目标的争论。我国的货币政策长期以来是"双重目标论"占主导地位,在中央银行的实际货币政策操作中,较多情况下又是以经济增长目标居首位。① 其真正的转折点是 1993 年的高通货膨胀和当年开始的第二轮金融体制改革。再加上 20 世纪 70 年代以后,大部分市场经济国家中央银行也都明确,货币政策的主要目标是反通货膨胀,保持物价总水平稳定,所以,就有了上述 1995 年我国《中国人民银行法》中的条款。从这一条款的内容可以明显看出,保持币值稳定是我国货币政策的首要目标。

在现代宏观经济学中,有关货币政策目标的文献极多,凯恩斯主义、货币主义和理性预期学派的经济学大师们为此已争论了 30 年。代表凯恩斯主义学派的经典论著是弗兰科·莫迪利安尼的《关于稳定政策的争论》;②代表货币主义学派的是米尔顿·弗里德曼的《货币政策的作用》;③理性预期学派的代表作是罗伯特·卢卡斯的《预期和货币中性》。④ 争论的焦点在于:货币政策对经济增长有没有作用? 当 1995 年诺贝尔经济学奖授予卢卡斯之时,这场争论似有结论:货币政策只对名义的经济增长起作用,而对实际(不变价)经济增长不起作用。我认为这方面最好的理论综述是奥利维尔·琼·布兰查德的《为什么货币影响产出? 一个综述》。⑤

然而,我国有关货币政策目标的争论并不是纯经济学理论的争论。这一争论有较深的制度背景,其真正含义在于中央政府与地方

---

① 参见周正庆:《中国货币政策研究》,中国金融出版社 1993 年版,第 33 页;中国人民银行资金管理司:《中央银行信贷资金管理》,甘肃人民出版社 1990 年版,第 36 页。

② 弗兰科·莫迪利安尼:《关于稳定政策的争论》,中译本,北京经济学院出版社 1991 年版。

③ Friedman, M. , "The Role of Monetary Policy," *American Economic Review*, 1968, 58, pp. 1 – 17.

④ Lucas, R. E. , "Expectations and the Neutrality of Money," *Journal of Economic Theory*, 1972, 4, pp. 103 – 124.

⑤ Blanchard, O. J. , "Why Does Money Affect Output? A Survey," *Handbook of Monetary Economics*, 1993. vol 2, pp. 779 – 836.

政府之间,政府有关部委之间在信贷资金分配权方面的争夺。由于在相当长时期,我国政府部门理解和实际操作中的货币政策,就是中央银行贷款的数量和投向(专项贷款),专业银行的贷款总规模的数量、分配和投向,存贷款利率水平和优惠利率水平(及其范围)的决定,所以,货币政策是紧跟经济发展目标的,是国家整个资金总量分配盘子的一个组成部分。特别是改革开放以后,政府及其主管部门的物资分配权和产品调拨权逐渐丧失,它们就更注重资金的分配权。在资金分配权中,财政资金的总量有硬约束(税收),数量有限,所以大家眼光就盯住贷款。例如,在每年年底安排下一年贷款计划盘子时,每个部门都会拿出一个贷款需求单子,要求保证给予本行业多少贷款。在争取到一块专用贷款总量后,这些部门又会提出具体贷款项目或企业,让银行去放贷。就地方政府而言,每年也要安排一些项目和企业让国有商业银行当地分支行去放贷。在这样一个过程中,实际是企业、地方政府、主管部委逼商业银行贷款,商业银行资金来源不足时又倒逼中央银行多放贷款(基础货币)。这种倒逼机制中,中央银行货币政策是被动的,被"经济增长"的目标牵着走。

很显然,如果中央银行货币政策的主要目标是保持币值稳定,保持物价总水平稳定,则中央银行在货币操作中就主动了。"经济增长"目标要让位于"币值稳定"目标,中央银行就可以不理会各方面要贷款的"单子",商业银行贷款也按照"谁能还钱就贷给谁"的商业原则办,地方政府、主管部委要贷款、分贷款的权力就丧失了,它们当然就要反对"币值稳定"的目标,因此强调"币值稳定"和"经济增长"双重目标的人就不赞成"币值稳定目标为主"。在这样一个讨价还价的"公共选择"中,"多数原则"并不起作用,反而是当时的经济大环境起了作用。1993年以后的高通货膨胀使"币值稳定"成为当时的主要矛盾,这可以从当时中央、国务院的一系列文件看出。《中国人民银行法》也正是在这一环境下通过的。"公共选择"并不会遵守理性的理论分析和客观规律,而是各个利益主体"博弈"的结果。这一点在我国有关货币政策目标的争论中得以充分表现。

实际上,货币政策目标并不是一个"开区间",而是一个有界的"闭区间"。货币政策能做到什么,不能做到什么是有界限的,不能对货币政策寄予过高的期望。就是货币政策能达到的目标,也还取决于一系列条件。但在我国却不是这样。从"要资金"这个角度看,似乎货币政策什么目标都能达到。所以常有人说:"只要中央银行的货币政策给我们地区(或行业、企业)一点倾斜,我们就能干成任何事情。"从微观层面看,只要有了资金,确实能干成任何事。但货币政策在任何国家都不是一项微观经济政策。在信用货币制度下,币值取决于货币总数量,中央银行的货币政策要对所有货币持有者负责,而不能仅为某一地区、部门、行业或企业的部分人负责。"保持币值稳定"是针对所有货币持有者而言的。只要币值稳定,则每一位持币者的利益没有受损,持币的贬值风险可减少至最低程度,这符合"帕累托改进"的原则,也符合货币政策的公共性原则。如果持币者因为购买商品或从事经营活动而招致经济利益的损失,则不是中央银行的责任,而是持币者在市场交易活动中的决策或投资失误。

二、货币政策中介目标的选择

货币政策中介目标是货币政策的主要组成部分,我国在这方面的争论主要集中在现金计划和贷款规模这两个指标上。从1986年以来,现金计划和贷款规模一直是我国货币政策的中介目标,但货币政策实施的效果却不如人意。

1. 现金不可计划和不可控制

1992年我国现金净投放首次突破1000亿元，达到1158亿元，超过年初计划近一倍。这对向来重视现金投放计划的货币政策是一大冲击。在1978年以前的大一统银行体制下，我国金融活动实际上是一家银行的业务，在一张"资产负债表"中反映。从账面看，"流通中现金"作为负债项目，恰好等于总资产（贷款为主）与其他负债（存款为主）的差额。于是，很容易得出结论：只要安排好贷款和存款计划，现金发行也是可计划的、可控的变量。加之当时工资总额、商品销售总额、投放、总产出等宏观经济指标均为指令性计划，故根据经验比例数推算出的现金发行计划数与实际发行数比较相近。于是，就形成了现金投放决定于银行供给的固定模式，就有了"现金发行计划"。一直到1994年，现金投放仍是我国货币政策的主要中介指标，中央银行要管好信贷、货币两个"闸门"一直是货币政策的金科玉律。但从理论和实际上看并非如此。在现代社会，任何个人、企业都持有多种金融资产（主要是现金、存款和证券），其总量是他们财富（或多年收入积累）的一部分。人们之所以需要现金，是因为现金有其他任何金融资产所无法替代的功能，即充分流动性的支付功能。我国是一个大量使用现金的国家。1990年年末，现金占M2的比重，我国为17.3%，美国为7.4%。现代货币理论的经典已经证明，对现金的需求取决于三大因素：交易动机、预防动机和投机动机。这三大因素又受其他经济变量的影响。因此，在分析我国现金数量问题时，也应该遵循上述理论逻辑。从1988—1995年的情况看，在我国向市场经济过渡的过程中，现金需求函数一直处于不稳定状况，或者说与其他经济变量长期处于无线性关系，根本原因是若干制度因素（如交易方式变化、农产品商品化、收入来源多样化、住房商品化等）一直在变化中。大量的企业要进入市场，专利、技术等知识商品进入市场交易,房地产市场也在不断发展。此外,证券市场的发展使我国以往的现金需求函数中加进了一个不稳定的投机性需求因素,从而使现金需求量更不稳定。

现金的需求是不稳定的,因此现金投放也是不稳定的,当市场经济进一步发展后,更是如此。表2-1列出了近几年我国现金投放的有关数据。

表2-1 1985—1995年我国现金投放情况

年份	1985	1986	1987	1988	1989	1990	1991	1992	1993	1994	1995
年现金投放（亿元）	195	230	236	680	210	300	533	1158	1529	1424	597
年现金增长率(%)	24.7	23.3	19.4	46.7	9.8	12.8	20.2	36.4	35.3	24.3	8.2
当年现金投放占当年M2增量的比例	—	15.1	14.7	38.8	11.3	9.0	26.5	31.3	16.1	11.8	4.3
M2年增长率(%)	17.0	29.3	24.2	22.4	18.3	27.9	—	—	24	34.4	29.6
国家银行贷款年增长率(%)	23.9	28.5	18.8	17.0	17.6	22.2	19.0	19.7	22.4	19.5	21.3

资料来源:《1995中国人民银行年报》;《中国人民银行统计季报》1996年1期,第8页。

从表2-1看出,我国现金投放很不稳定,该指标与一些宏观经济指标相比,得不出什么规律性的结论。现金增长率与M2增长率不存在相关性,与贷款增长也不相关,而M2增长率相对有规律一些。由此可见,现金投放仅是它与存款之间的相互转换,对M2影响不大,而对宏观经济有作用的是M2。

现金投放不存在合理界限。长期以来,我国中央银行一直把"经济增长率+物价上涨率"作为现金增长的"合理界限",并得出诸如"超经济投放""若干时期多投放了若干亿"的概念。实际上,现金投放是由现金需求决定的,现金需求由诸多因素决定,与经济增长之间并不存在固定比例关系;现金投放多或少并不是引起通货膨胀的原因,只有货币供应总量过多才可能引起通货膨胀。人们常常把中央银行借透支财政赤字直接与现金发行相对应,也是不对的。财政透支会扩大货币供应量。但是,在诸多因素影响下,现金投放多并不同时引起货币供应量必然过多。因此,仅仅把一些宏观经济变量与现金投放相比,得出"过多"或"不合理"的价值判断是不全面的。

1992年的实际再次证明现金投放不能计划。这一年现金投放计划为600亿元,而实际投放为1158亿元,比计划多近一倍。同样,1995年现金投放计划是1800亿元,而实际投放仅597亿元,仅为计划数的三分之一。多年来我国实施现金投放计划的理论前提是,中央银行可以控制现金投放,且现金投放数对宏观经济运行有很大的作用。中央银行可以控制全社会信贷规模,因为信贷发放主体是银行和其他金融机构,它们必须服从中央银行指令,但信贷规模与现金投放并不相关,所以控制住信贷规模不等于控制住现金投放;中央银行可以控制住基础货币投放,即中央银行自身贷款数额,但也并不等于可以控制现金投放。在货币乘数不变时,基础货币与货币供应总量存在固定比例关系,但与现金无关。中央银行的其他政策工具,如利率、汇率、存款准备金等,可以说对现金需求有影响,但都没有直接控制效应。这里的关键在于:现金需求完全是个人(或企业)行为,现金只不过是人们相对于自己的金融资产结构中多种货币工具的一种选择,这是自主、自利的行为,影响这一行为的若干因素来自于宏观经济运行的各个方面,而且绝大部分是经济运行的内生变量,是任何计划者所无法预测也无法控制的。只有一种方法可以控制现金投放,那就是法律规定每个有收入者(或每个居民)和每个单位只能持有一定数额现金,但这在现代社会是不可能的。再来看我国近几年现金计划的实际执行情况(见表2-2)。

表 2-2 我国现金计划与实际投放对比

(亿元)

年份	1984	1985	1986	1987	1988	1989	1990	1991	1992	1993	1994	1995
年现金投放计划	80	100	200	230	200	400	400	500	600	1500	1800	1500
实际投放数	262	195	230	236	680	210	300	533	1158	1529	1424	597

资料来源:同表 2-1。

上述年度计划在有些年份与实际结果误差很大,有时年中的计划调整数只不过是让计划指标接近实际发行数,有时甚至 11 月末还在调整计划。特别是现金投放计划还切块分至各省、自治区、直辖市,由省、自治区、直辖市人民银行(或省、自治区、直辖市政府)负责控制现金投放,实际上这是做不到的。由此我们可得出若干结论:(1)现金流通数量及其分布的分析应当从现金的需求出发,而不能从现金的供给出发。(2)现金是多种货币工具中的一种,其数量的多少在市场经济和信用制度比较发达的条件下,主要是货币所有者自由选择的结果,社会公众的现金需求函数决定现金发行量,而决定该需求函数的主要因素有:交易性需求、投机性需求、预防性需求、利率和结算方式。(3)今后可能引起通货膨胀的是货币供应总量,而不是现金数量。中央银行可以控制货币供应量,但不能控制所有现金收支量。因此,应该取消现金发行计划,将其只作为宏观经济的一种监测指标,不必分解各地执行。

2. 贷款限额管理的局限性

贷款规模(国家银行和城乡信用社每年新增贷款限额)一直是我国最重要的货币政策中介目标和工具。1986 年以来,虽然经济体制的市场取向改革一直在深化,但在金融领域,贷款规模的指令性计划却不断加强。并且,无论在理论界还是经济决策部门,大多数人都认为这是保证货币稳定、防止通货膨胀和保证改革顺利进行的最后一道"防线"。毫无疑问,贷款规模控制在 1988—1993 年期间,对控制总量膨胀起了很大的作用。但是,把贷款规模作为我国货币政策的中介目标,其局限性也越来越明显。

贷款规模控制作为货币政策中介目标和政策工具,其有效性必须取决于三个前提:(1)制定的贷款增量限额指标必须要有科学、准确的数量依据,能反映"适度货币供给"的原则;(2)贷款规模控制同时能保证资金配置的效益性,不违背商业银行的商业性经营原则;(3)贷款规模控制能对总需求变动起很大作用。很显然,随着经济的市场化,特别是金融工具创新、金融机构多样化和金融市场的发展,上述三个前提均已不复存在。

贷款规模已不能反映实际经济运行的需求。与世界多数国家中央银行相比,我国货币政策执行结果与预期计划的误差之大是相当突出的。从 1988 年到 1991 年,在贷款规模计划上,最大误差达 1.35 倍,最小误差 17%,且全是正误差,个别年份甚至在 12 月初还要调整贷款规模计划。由于市场需求的不可测性和企业、个人经济行为的多因素影响,以及价格、储蓄、投资、销售等宏观经济内生变量越来越趋向于市场导向,一方面信贷计划的编制已不可能准确预测上述变量的运行轨迹,另一方面也不可能用信贷计划框住经济主体的行为。最有说服力的证据是,以往信贷计划均以计划经济增长率、计划价格上涨幅度、利率不变为依据,而实际上我国经济体制的变化早已使这几个经济变量脱离计划控制。例如,1990 年,贷款规模计划年初定为 1700 亿元,当时以 GNP 增长 8%、零售物价上涨率 10% 为依据,并声称信贷计划制订已经过"科学预测",一定不能突破规模。结果,年中三次调整贷款规模达 2700 亿元,实际完成 2731 亿元,而当年实际 GNP 年增长 5.2%,物价上涨率仅 2.1%。1992 年,年初计划贷款规模为 2800 亿元,执行结果为 3864 亿元。

贷款规模控制与市场配置资源机制格格不入。在市场机制下,信贷资金的配置准则应该是每单位资金的边际产出率基本趋向一致。当然这仅是理论假设,在我国现有市场不充分环境下难以实现。但这一方向是不能改变的。然而,目前的贷款规模层层切块分配的机制,使一些基层银行有资金而无规模,或有规模而资金不够。贷款规模的地区分配结构,限制了资金流动的效益性。但市场规律和利益导向是不可抗拒的,结果就出现了利用各种金融工具逃避规模控制的资金流动。不可否认,中央银行在分配贷款规模时含有照顾地区经济发展不平衡的政策意向,但要以效益损失为代价,且这种代价越来越大。从1988—1994年我国经济发展的区域分布看,沿海地区与内地、西北、东北地区的差距越来越大。同时,我国专业银行贷款资产质量急剧下降,逾期呆账的比例上升。

贷款规模控制作为地区信贷结构调整手段的另一政策目标是:在存款增加额大于当地贷款规模的地区,银行会把钱回流存入中央银行(即备付金存款或超额储备),由此中央银行可利用中央银行贷款手段进行地区调剂,同时总量扩张的压力不大。在这种状态下,贷款规模这堵墙既起到了控制总量作用,又可用于调剂地区间资金余缺,起到调整结构的作用。在一段时期(特别是在1984—1989年期间)情况确实如此,可以说在相当程度上达到了政策效果。但必须看到,上述政策措施的实现,必须以金融市场不发达,地区间资金流动渠道不畅,非银行金融机构没有或极少,专业银行完全执行中央银行政策指令为前提条件。1991年后,这些条件均不存在了。从实际情况看,由于金融市场的发展和金融工具的多样化,加之地区经济发展不平衡造成资金效益率差距的扩大,不仅存款多的地区(沿海省市从1991年起均成为存差地区)资金不流出,而且内地资金大量流向沿海发达地区,贷差额加大。结果,存款多的地区向中央银行要求增加贷款规模,且地方政府压力很大;存款少的地区向中央银行要资金,说有规模无资金,影响本地区经济发展,地方政府压力更大。中央银行利用存款准备金(准备金率为13%)已满足不了地方调剂的需求,不得不增加中央银行贷款,这又扩大了基础货币投放,容易导致货币供应量过多。更为严重的是,从1992年开始,我国专业银行在中央银行的备付金存款比率下降;该比率1990年年末为11.6%,1991年年末为12.7%,1992年年末降为6.9%,1993年1月末降为4.5%。在我国当前清算系统落后的情况下,根据历史统计数据,如果备付率低于5.5%,就无法保证银行支付清算的头寸要求,所以根本谈不上中央银行利用这块资金再贷款调剂地区差的问题。由此可见,贷款规模控制的地区结构调整作用已基本丧失。

最后再探讨贷款规模控制对社会需求的作用。一般说来,任何有支付能力的社会总需求的扩大基本上是由广义货币量的增加所决定,在我国,广义货币量即为 M2,贷款并不是直接购买力,只有企业(或单位、个人)把贷款转为存款或现金之后,才可以开出支票或直接购买。因此,探讨贷款规模控制对总需求的调控程度,可以从贷款增加与货币供应量 M2 增加额的比较分析中得出基本结论。近10年我国 M2 年增加额和(国家银行现农村信用社)贷款年增加额的对比数可见表2-3。

表2-3 1983—1995年我国货币供应量 M2 年增加额与贷款年增加额对比

(亿元)

年份	1983	1984	1985	1986	1987	1988
M2 增加额	520	1250	765	1522	1665	1711
贷款增量	646	1352	1183	1845	1650	1769
当年差额	-126	-102	-427	-323	15	32
年份	1989	1990	1991	1992	1993	1994	1995
M2 增加额	1856	3312	4088	6050	9478	12044	13827
贷款增量	2011	3085	3657	4986	6620	7867	9584
当年差额	-155	227	412	1064	2858	4177	4243

资料来源:《1988中国金融年鉴》;《1996中国金融展望》,第87页;《中国人民银行统计季报》1996年第1期,第8页。

从表2-3可以看出,我国在1990年以前,基本上是贷款规模大于M2或两者相等。或者可以说,在这一期间,贷款规模控制对调控社会总需求基本有效。1990年以后,M2大于贷款规模的缺口迅速扩大。1992年,其差额已占当年新增贷款规模的21.3%。1994年该数据为53.1%,这时贷款限额对于调控社会总需求已基本无效了。市场经济的发展对计划调控手段的冲击就是这样不可抗拒。基本原因可以归纳为三条:金融市场的发展;金融工具的多样化;专业银行和金融机构利益主体地位的逐步确立,它们可以自主地从事许多非贷款资产业务。

首先,冲击贷款限额的是在金融市场上的大量直接融资活动。证券市场的发展使众多投资者有了投资机会,企业也可利用多种金融工具吸收资金。由此,通过股票、债券、各种集资(可统称为不规范的商业票据)等形式,使大量原本不计入M2的资金转变为企业存款或现金,由此扩大了M2增量。例如,财政性存款、机关团体存款原来均不属M2范围,通过上述渠道就转变为企业存款,转变为M2了。

其次,上述直接融资活动使专业银行的存款大增。在贷款限额下,专业银行不像以前那样"老实"地把钱回存到中央银行(因为这样做有利差损失),而是把钱借给其他非银行金融机构,或银行与企业联营投资,或通过"内部往来"账把钱借给附属公司投资证券,或搞账外资金拆借,或直接进行实业投资(如盖大楼)等等。1992年我国五大国家银行(中国工商银行、中国农业银行、中国银行、中国建设银行、交通银行)各项存款增加4147亿元,各项贷款增加3427亿元,存大于贷720亿元。然而,除了上述应缴法定存款准备金之外,专业银行多吸收的存款并没有转存入中央银行。相反,专业银行的备付金存款(超储)反而比年初净减少475亿元。资金哪里去了?就是通过上述渠道流出去了,1992年五大银行仅向系统外拆出的资金就近600亿元。另一方面,如果算大账,1992年专业银行存款准备金率为零,由此货币乘数可趋向大值，对存款派生机制起限制作用主要依靠存款的现金提取比例（约为20%），这无疑是当年我国货币供应量急剧扩张的主要因素。特别需要指出的是，在贷款规模管理下，国有商业银行资产负债表中的非贷款资产（如购买国债、投资、拆出）增长迅速，甚至还出现"账外账"贷款（表外资产）。1995年年末，四家国有银行（工、农、中、建）的账外贷款余额竟达2000多亿元。这些都是用贷款规模所管不住的，而都会反映在货币供应量M2中。

由此看来，我国全社会融资（信用）体系已形成四个层次：第一层次，包括直接融资和间接融资在内的社会融资总量，数额约相当于M2总量，1992年年末余额为25400亿元；第二层次，国家银行、其他商业银行、城乡信用社和非银行金融机构的贷款总量，或者说是间接融资总量，1992年年末余额约为26600亿元；第三层次，国家五大银行贷款总量，1992年年末余额为21025亿元；第四层次，中央银行资产总量（主要是贷款、外汇贷款、财政借透支的总和），1992年年末余额为9800亿元。在这个大融资体系中，最主要的是第三和第四层次。第三层次是我国国有商业银行的行为，商业银行的基本特征是可以开出支票，可以创造作用货币，可以扩大有支付能力的总需求。第四层次是中央银行行为，其资产均属基础货币，是广义货币供应量的源泉。贷款规模控制实际上把闸门设在第三层次，但现在看来已不行了，因为国家银行行为和外部条件起变化，已经具备了"绕贷款规模"的主客观条件，过去实施贷款规模控制，主要借助于现行人事任免制度下的"乌纱帽机制"，利用行政手段的"职务"效应来达到调控目标。在市场经济的环境下，我国专业银行的经营机制已发生实质性变化。专业银行基层行和金融机构已成为相对的利益主体，它们的行为将更多地以利益为驱动，并且市场环境已经为银行业务多样化或变相多样化提供了基础。这说明我国基层银行（或金融机构）已不是完全服从于行政命令的金融机构，而是一个在金融市场上寻求自身利益的商业行为者,如果现在还认为我国专业银行"具有宏观调控职能"是不符合实际的。而真正能调控社会货币供应量的部分只有上述第四层次——中央银行资产增加额,即基础货币,并且其调控方式要进行根本性改革。

三、转型经济中的通货膨胀和货币控制

与东欧计划经济国家相比,我国的经济改革是较为成功的,其最重要的两个指标是:保持了较高的经济增长率;没有发生持续的高通货膨胀。对其原因的研究已有不少文献。本节试图给出一种新的理论说明:转型经济中的货币化进程导致超速的货币供应,在这一过程中政府得到了巨额货币发行收入;货币发行收入通过财政和国家银行贷款两条途径在经济转轨过程中形成一种利益补偿机制,但也刺激了各利益集团对贷款的过度需求。当经济货币化进程基本完成时,货币发行收入已不多,但利益补偿所需的贷款压力仍然很大,这是引起通货膨胀的主要原因。在这种情况下,中央银行实施货币控制有较大风险,也很困难。

1. 转型经济的货币化与超量货币供应

以 1985—1995 年为样本,我国的货币供应年增长率与 GNP 年增长率相比,始终是超速增长,但与通货膨胀率并没有明显相关性。这种情况可解释为经济的货币化过程是超量货币供应的主要因素。

从表 2-4 可以看到,从 1986 年到 1995 年,我国 M2 年增长率均大于当年 GNP 增长率 15 个百分点左右,M0 和 M1 的年增长率更是毫无规则。仅用货币数量过多增长来解释我国转型经济中的通货膨胀,似乎论据不足。另一方面,用 M2/GNP 表示经济货币化程度,其系数从

1985 年的 60.75%上升到 1992 年的 105.9%,此后均在 100%以上。这意味着,我国的经济货币化程度已相当高,实际货币需求余额在迅速增长,吸纳了大量的货币供应。由此可见,转型经济中的超量货币供应有一定规律性。

表 2-4 1985—1995 年我国货币、通货膨胀和经济增长指标

年份	各层次货币供应量年增长率(%)			年末货币余额/GNP			通货膨胀率	GNP
	M0	M1	M2	M0	M1	M2		
1985	24.7	5.8	17	11.54	35.19	60.75	8.8	13.5
1986	23.3	28.1	29.3	15.57	39.77	69.32	6.0	8.8
1987	19.4	16.2	24.2	12.87	39.66	73.88	7.3	11.6
1988	46.7	22.5	22.4	15.22	39.17	72.05	18.5	11.3
1989	9.8	6.3	18.3	14.73	36.66	75.08	17.8	4.1
1990	12.8	20.2	28	14.95	39.85	86.47	2.1	3.8
1991	20.2	23.2	26.5	16.01	43.49	97.46	2.9	9.2
1992	36.5	35.7	31.3	18.08	48.86	105.90	5.4	14.2
1993	35.3	21.6	24	18.69	45.42	100.39	13.2	13.5
1994	24.3	26.8	34.4	15.7	44.2	100.92	21.7	12.6
1995	8.2	16.8	29.5	13.68	41.61	105.38	14.8	10.2

资料来源:《中国人民银行年报》,1991—1995 年;《1996 中国金融展望》,第 82—83 页;《1996 中国统计摘要》,第 8 页。

从货币供应量=基础货币×货币乘数的公式分析,货币供应内生性主要表现为基础货币供应的内生性,这一点可由中央银行资产增长量的分析给出。从 1985 年到 1993 年,中国人民银行(PBC)的总资产增长了 3.9 倍,其中外汇占款增加 8.4 倍,财政借款增加 4.8 倍,中央银行对金融机构贷款增加 38.8 倍(见表 2-5)。从这三种基础货币供应的渠道看,外汇占款和财政借款的内生性更为明显,它们表现为经济转型过程中这两方面的货币需求压力,是中央银行不能控制的。就中央银行对金融机构(主要是国家专业银行)的大量贷款而言,主要安排用

于国家重点建设、农副产品收购、国有工商企业流动资金等方面的贷款,也是难以控制的(见本章第一节分析)。我国的经济转型可以定义为三种比例的变化:非国有经济部门增加值在 GNP 中的比重上升;市场定价的商品和劳务在商品总量中的比重上升;货币交易基本取代了实物计划分配,即货币化进程。问题在于,在这十几年经济转型之中,金融部门始终由四家国家专业银行垄断贷款分配,并且专业银行一直处于"超贷"状态,1993 年年末对中央银行净负债达 4720 亿元。经济实际运行中对专业银行贷款的需求是"内生性"的,专业银行贷款就成为注入货币供应的主渠道,而且对实际经济增长有明显作用。

表 2-5　中国人民银行三项主要资产的增加(1985—1993 年)

(年末余额数,亿元)

年份	1985 年	1993 年
外汇占款	93.1	875.5
财政借款	275	1582.8
对金融机构贷款	248	9860

资料来源:同表 2-4。

　　分析至此,要引入一个重要概念:货币发行收入(Seigniorage)。经济转型中实际货币需求的迅速增长,产生了数量相当大的"无通货膨胀压力的超量货币供给",也为政府提供了数量可观的货币发行收入(铸币税收)。中央银行总资产从 1985 年的 2736 亿元增加到 1993 年的 13350 亿元,其中仅现金就净增加 4877 亿元。根据计算,我国近几年因基础货币增加而获得的发行收入的情况如表 2-6 所示。

　　问题不仅在于货币发行收入的数量,更重要的是在于它的用途和分配,及其在经济转型中的效应。在我国,货币发行收入的分配方式主要是两种:一是通过中央银行借款和透支以及银行大量税利上缴转化为中央财政收入;二是通过国家银行大量低利率贷款间接补贴于贷款使用者,特别是大量政策性贷款多数用于国有工商企业、重点建设项目和农副产品收购。很显然,除了提供公共产品之外,大量的货币发行收入在经济转型中起了"体制改革补贴"的作用。我国的经济转型同时是一次大规模的制度变迁,或称之为体制改革。体制改革所增加的总收益的分布是不均等的,非国有经济部门一般为体制改革收益的净得益者,不会获得任何补贴。货币发行收入主要用于经济转型过程中基础设施不足、国有企业亏损、地区之间的发展不平衡、农产品价格补贴、政府工作人员收入等方面。特别是在税收体制尚未健全的时候,国家银行的低息贷款在补贴国有经济的低效率和防止失业方面发挥了很大作用。同时,在个人收入均等化、维护社会安定、解决瓶颈资金短缺等方面也起了积极作用。总的看来,利用财政的权威性和国家银行的垄断性,集中分配货币发行收入,采取随时协调补救的方式,加之我国经济转型的渐进过程,基本保证了这一时期没有发生严重通货膨胀,并保证了较高的经济增长速度。

表 2-6 1986—1993 年我国的基础货币发行收入

(亿元)

年份	当年增加额	通货膨胀税	实际发行收入	占 GNP 的%
1986	468.3	28.1	440.2	4.5
1987	309.7	22.6	287.1	2.5
1988	858	158.7	699.3	5.0
1989	738	131.4	606.6	3.8
1990	1267	26.6	1240.4	7.0
1991	1585	46	539	7.8
1992	1273	68.7	204.3	5.0
1993	2793	363.1	2429.9	7.7

资料来源:同表 2-4。

2.利益冲突与通货膨胀形成机制

不同的利益集团从经济转型和体制改革中的获利程度是不同的,各利益集团的预期收益和实际收益的差别也很不相同,由此就产生了矛盾。另一方面,利益攀比机制又是始终存在的。这些矛盾主要体现在:国有经济部门与非国有经济部门;农业部门与非农业部门;城市与农村;经济发达地区与经济欠发达地区;中央政府与地方政府;政府和国有经济部门的工薪阶层与收入多元化阶层;外资企业与中资企业;等等。特别是在1992年之后,我国经济体制改革向纵深发展,而同时市场经济的基本框架尚未建立,基本规则也不健全,各阶层所得利益的差别扩大,各种矛盾有加剧的趋势。

我国的经济转型过程中因经济货币化而带来巨额的货币发行收入已不再提高的时候,同时应是具有内在自我均衡机制的市场经济体制建成之时,制度改革收益外部化,各利益主体的制度收益趋向均等,补偿需求减弱,即上述两方面基本上是同步的。然而,我国面临的实际情况是,经济转型已处在最后阶段,市场经济体制基本框架还没建立,各利益主体之间的冲突和矛盾正是突出时期,体制改革补贴的需求很大,但经济货币化程度已达到顶点,可用于体制改革补贴的货币发行收入却远远不够,这就是所谓的"非同步现象"。

尽管经济货币化程度已达尽头,但能使各种利益主体自我协调的市场经济体制尚未确立,而对各种矛盾的压力,政府不得不继续用扩大贷款的方式来进行利益补偿。这是在经济转型中一种扭曲的利益补偿机制,特别是在财政体制相对弱化的情况下更是如此。在货币发行收入已趋向减少时,扩大贷款必然要依靠扩大中央银行基础货币投放,必然增加货币供应。这时,实际货币需求余额变动不大,增加的基础货币中,实际发行收入的比重下降,通货膨胀税的比重上升,由此而引起的超量货币供应,必然要引起通货膨胀。但作为一种体制改革的利益补偿方式,又是不得已而为之,政府处于两难境地,这时期一个特别突出的问题是"国有企业资金陷阱"。

经济转型时期"国有企业资金陷阱"的理论含义是:相当部分国有

企业在市场价格体系中经营亏损,产成品积压,为了防止过多失业和工人工资相对水平过低,政府利用国家银行以低利率贷款予以支持;但低利率贷款并没有根本扭转国有企业的亏损局面,反而刺激企业更大的贷款需求,以寻求与生产经营无关的"利差";因此,国有企业作为一个利益集团,迫使国家银行给予过多的低利率贷款,另一方面贷款资金又从这些企业漏出,形成了一个"资金陷阱"。这正是通货膨胀的主要原因。

3. 货币控制的风险和公共选择

很显然,国家银行低利率贷款作为一种促进体制改革的利益补偿方式,已成为缓解本节所述诸多矛盾的一种"添加剂",在这种情况下要实施货币控制是有一定风险的。各利益主体已经把贷款视同货币发行收入,作为一种必需的补偿纳入各自的预期收益,由此而形成的公共选择是不可能趋向于货币控制决策的。如果要实施强制性的货币控制,阻力很大,风险也很大。作为货币控制执行者的中央银行,一般承受不了这种政治性压力和风险。这也正是我国货币政策的政治特性。

通货膨胀对各利益主体而言,同样是一种风险和损失。中央银行的货币控制有助于减少这种风险,这是众所周知的。但是,对于具体的利益主体而言,他们的决策和选择恰恰与中央银行相反,他们不赞成货币控制,反而以通货膨胀为理由要求更多的贷款。例如,企业、地方政府和主管部委普遍以投资品价格上涨、本币贬值、成本上升为理由要求增加更多的贷款,并全部反对利率上调,要求更多的低利率贷款来补偿通货膨胀损失和风险。这样一种公共选择过程的结果只能加剧通货膨胀,而中央银行货币控制的决心也就进一步动摇。这是一个很值得研究的货币政策公共选择"悖论":参与决策的各个主体都是为自我利益的理性选择,但其结果(货币扩张-通货膨胀)却对大家不利。这与公共选择的制度基础有很大关系。因为参加决策的各个主体具有通过讨价还价获得贷款的可能性,所以大部分主体倾向于扩大贷款总量,"集体的一致性"的结果往往是通货膨胀。而要"加强宏观调控"和货币控制的人肯定要挨骂,肯定不受欢迎,甚至有被排除出决策圈的可能。中央银行显然也惧怕这一风险。

面对通货膨胀压力和众多的矛盾,除了上述的风险和压力之外,中央银行在货币控制方面也存在着许多难题。这些难题有制度性的,也有技术性的。

首先,在经济转型和体制改革进程中,货币需求不大稳定,尤其是一些制度性变量无法估算。因此,货币乘数值很不稳定(见下一节分析),基础货币和货币供应量之间的数量关系难以把握,货币供应量与通货膨胀之间的数量关系、其时滞影响也难以把握,由此中央银行的逆向货币控制很难操作。

其次,在存款、贷款总量中占据绝大比重的国家银行还没有完全转向以利润为目标的经营机制,超额储备可多可少,对中央银行的政策工具(如基础货币调控)反应不灵敏,反调控的缓冲余地很大,从而使间接性的货币政策工具达不到理想效果。

最后,利率还没有市场化,所以使一些货币政策工具(如公开市场业务、贴现率等)还无法操作或操作效果不大,不得不依靠一些行政性手段,如贷款限额。

针对我国经常出现的通货膨胀压力,中央银行只能冒一定程度的风险,采取了一些果断措施,制止通货膨胀。可选择的对策有:

第一,随着我国财税体制的进一步改革,应请求中央政府尽快以财政性补偿手段替代目前的贷款补偿手段,建立和完善贷款的商业原则和信用原则,建立企业的贷款硬约束机制。这是控制通货膨胀的根本性措施,要敢于牺牲部分利益主体的贷款补偿收益。

第二,改变存贷款负利率局面,上调利率,使其逐渐接近市场均衡利率,阻止在金融市场上普遍存在的"套利"行为,提高贷款的机会成本,制止各方面对贷款的过度需求。实际上,我国现在各方都在喊的"资金紧张"状况不是一个数量问题,而是价格即利率问题。

第三,增强中央银行的独立性和在货币政策方面的自主性。刚刚通过的《中国人民银行法》已在这方面迈出了第一步,但还需各方面予以支持,特别是让中央银行有能力和权威抵制地方政府、政府其他部委的贷款需求和压力。

第四,尽快改革中央银行的组织结构和货币政策体系。彻底取消中央银行省级分行的资金融通职能,摆脱地方政府对其的干预;尽快扩大中央银行公开市场业务操作的数量;取消专业银行在中央银行超额储备存款的利息;严格控制中央银行贷款的投放,并尽量多收回前几年中央银行给非银行金融机构和非金融企业的贷款。

四、关于货币政策操作的几个问题

1. "适度从紧"的含义

1996年3月第八届全国人民代表大会第四次会议通过的《国民经济和社会发展"九五"计划和2010年远景目标纲要》已经确定:"九五"期间要继续实行适度从紧的财政货币政策。从控制总需求的角度看,财政政策是以收定支,只要硬赤字不扩大(或每年略有缩小),是无所谓松紧的。因此,对总需求真正起作用的只有货币政策,只有货币政策才有手段调控总需求,特别是年度内的适时调控更是如此。

所谓货币政策的"适度从紧",是针对货币供应量 M2 年增长幅度而言。1995 年 M2 增长 29.5%,比 1994 年增幅下降 5 个百分点。1996

年要把M2增幅控制在年增长率25%之内,才可以说做到了"适度从紧"。实际上,国有商业银行贷款增加多少,全部金融机构贷款增加多少,现金发行了多少,都不能说明银根松紧的程度。所有贷款,只有转为存款,才能开出支票用于购买支付。同样,上述金融机构只要有存款(或其他资金来源),即使少放贷款,也必然要用其他资产形式把资金用出去,无论何种形式的资产(在央行存款除外)都必然又会转为存款,所以只有货币供应量才能说明银根松紧。多年以来,我国以"贷款限额"来操作货币政策的松紧,效果不大,原因也正在这里。

从1996年年初开始,国内理论界对适度从紧的"适度"议论较多。怎样才算"适度",确实是很难衡量的,因为许多制度变量无法预期,特别是货币政策的时间提前量很难把握。1995年下半年日本、美国、德国的中央银行都下调了中央银行贴现率,也只是放出"放松"的信号,并不是实质性增加基础货币投放量,因为量的效果是具体看中央银行资产是否真有增加。我的理解是,就我国而言,"适度"的衡量标准是M2增幅比上一年略有下降(如下降5个百分点),比当年预定的GNP增长率加通货膨胀率之和又略高上一点,在这样一个区间,就可以说是"适度从紧",而不是"强度从紧"。例如,1996年预定M2年增长率为24%—25%,比1995年低4—5个百分点,但又高于1996年GNP增长率加计划通货膨胀率(共18%)。这就是典型的"适度从紧"。"适度从紧"是比较上一年(或前几年)而言的,而不是凭企业或个人的感觉而言的。如果从一般货币政策理论角度看,把M2年度增长率定在25%,比GNP增长率加通货膨胀率共18%还高7个百分点,无疑是一种预定"松"的货币政策,而不能说是"紧"的货币政策。所以,不与前一段时期相比较,是不能说明"适度从紧"的。

2. 几项制度改革

另一方面必须看到,1996年的几项改革(制度变量)对当年和今后几年的货币政策操作会产生很大影响。

第一,1996年1月3日全国银行间同业拆借市场的联网运行,产生了不受行政干预的放开的同业拆借市场利率。

第二,除四家国有独资商业银行之外,中央银行基本取消了对其他商业银行和城乡信用社的贷款限额控制。

第三,1月6日和2月10日财政部在国债发行时首次采取招标发行方式,开了国债发行价格市场化的先河。同时当年将发行更多的短期国债,以配合中央银行开始公开市场业务操作。在96(2)期国债210亿元中,银行购买了120亿元,即银行的证券资产大幅度增长。1996年4月底,仅工商银行、农业银行、中国银行和建设银行这四家银行的国债持有额就比年初增加250亿元,同期贷款增加1192亿元,国债占贷款的21%,可见我国银行资产"证券化"趋势已经开始;同时,银行非贷款资产可能会大量增加,4月底,贷款余额占总资产的69.7%。

第四,当年4月份起中央银行开始从事以国债为交易工具的公开市场业务。

第五,在1月初中国民生银行开业后,到6月底已有6家城市合作银行开业,中国商业银行的数量会有大幅度增加,估计到2000年会增加100家城市合作银行和100家农村合作银行,银行业竞争加剧。

第六,《国民经济和社会发展"九五"计划和2010年远景目标纲要》对未来五年M1和M2的年增长幅度规定了具体的数量指标,即M1年均增长18%左右,M2年均增长23%左右。这些"告示性"指标将对中央银行未来五年的货币政策中介目标予以确定,并对中央银行货币政策操作构成"硬约束",它意味着货币政策将有一个中长期目标,从而使货币政策的决策和操作进一步规范。

可以说,1996年将是我国货币政策操作方面的一个转折期的开始,在"贷款限额"操作工具逐渐弱化之后,如何选择替代工具,如何操作,将使中央银行面临巨大挑战。现在的问题是,在这种变化下,我国货币政策的操作目标以什么为指标。

3. 操作目标的确定

实际上,中介目标已经定了,就是《国民经济和社会发展"九五"计划和2010年远景目标纲要》中的 M1 和 M2,一旦公布,就无争议了。这意味着,就中介目标而言,今后五年我国是"单一规则"货币政策,而不是"随机性货币政策"。这难度是很大的,对央行的操作技术要求很高。

下一步就是"操作目标"的确定,然后才是政策工具。

这个操作目标必须满足一些条件:(1)与 M1 和 M2 有很大相关性;(2)可统计和计量;(3)可以用一定的货币政策工具调控它。

下面是对几个操作目标的分析:

首先是市场利率(什么是我国的市场利率下面再分析),笔者以为不行。一是把市场利率(如同业利率 CHIBOL)作为操作目标,必须是金融市场化程度很高,我国在五年内做不到。现在的 CHIBOL 覆盖面很小,因为同业拆借市场每天交易量只有十几亿元;二是我们看不出市场利率与 M1、M2 有什么联系;三是国有企业对利率敏感度很低;四是我国影响市场利率的货币政策工具有限,中央银行贷款利率、中央银行贷款数量和公开市场业务等,都很难影响市场利率。而且就是可能把市场利率调控在某一区间,M1 和 M2 也不一定就是 18% 和 23%。美国现在把联邦基金利率作为货币政策中介目标,而央行贴现率直接影响市场利率,十分简单,但在我国这样做行不通。

其次是贷款规模,1995 年 12 月底我国金融机构贷款总余额是 50544 亿元,是同期 M2 余额的 83.2%,是 M1 的 2.11 倍,其比例关系在前几年中是比较稳定的。但是在贷款总余额中,国家银行贷款占

77.94%,这样国家银行贷款增量与 M2、M1 的增长率的关系就要大打折扣,其中国家银行的非贷款资产又起较大作用。这也就是为什么在 1988—1995 年期间,我国国家银行贷款规模虽宣称已"控制在计划内",但同期 M2 和 M1 的增长率却总是波动很大,通货膨胀率波动也很大的原因。从制度方面和计量方面分析,国家银行贷款规模和 M1、M2,进而和通货膨胀的关系已很弱了。实际上,国家银行贷款从存量上看,只占 M2 的 64.85%。

对国家银行贷款的调控手段是有的,如中央银行贷款收回与投放、贷款限额、中央银行融资券等。但有几个问题解决不了,例如:已规定微观层面的资产负债比例管理不能更改;全部金融机构的贷款如何控制,国家银行贷款比重还会下降,银行还会多;如何应对非贷款资产比重上升;账外违规贷款的监管成本很大,监管难度很大。我们只能放弃这个操作目标。

再次是中央银行总资产。以此作为操作目标是可行的,但难度也很大。我国现在有数量型而非价格型三项货币政策工具可直接调控央行总资产即中央银行贷款、存贷准备金率和公开市场业务(外汇占款无法控制,现行体制下是外生变量,政策性贷款也是外生变量)。从中央银行总资产与 M2、M1 的关系看,相关性很强,但也有波动。把中央银行总资产作为操作目标的技术难度在于两方面:第一是外汇占款和政策性贷款这两项外生变量(增量)占比重有多大事先无法预计,如果比重较大(1995 年不可比,因为农发行划转),可调控余地就比较小。第二是中央银行资产(甚至一些分科目)对 M2、M1 的乘数关系的预测。例如,1995 年 M2 乘数值平均是 2.883,M1 乘数值平均是 1.138。如果变动 1 个百分点,就影响 600 亿元 M2,对 M1 的影响就是 200 亿元(见表 2-7)。

表 2-7　1995 年月度 M2 乘数值

1	2	3	4	5	6	7	8	9	10	11	12
2.84	2.89	2.94	3.06	3.14	3.18	3.14	3.15	3.14	3.13	3.12	3.04

从表 2-7 看,1995 年我国 M2 的乘数值很不稳定,月际间波动较大。1994 年 M2 月份乘数值在 2.78 和 3.03 之间波动;而 1986 年的波动区间为 2.43—2.54。可见,在改革过程中,乘数值波动较大,且不稳定。用计量模型可以预测,但不一定准确。

最后一个可能的操作目标是商业银行的超额储备率。这也是我国货币政策改革的目标之一,在国务院《关于金融体制改革的决定》中有这一条。现在看来有些难点:一是超储率波幅太大,目前还无法找到稳定的最优超储率区间(详见本书第三章分析)。理论上说,如法定准备金率不变,现金漏出率不变,超储率与 M1、M2 是有稳定关系的,而且通过借入储备与非借入储备的调控可以调控货币供应量(英国、美国在 80 年代就是这样)。我国商业银行绝大部分为借入储备,可调控性很强。但如果我国超储率波幅很大,就无从说起了。二是以超储率作为操作目标,在微观上要以商业银行支付约束和利润约束很强为条件,即不存在对中央银行贷款的倒逼机制,这一点在近几年做不到。特别是在国有商业银行利润上缴可商议,总行对超储的统一流动性控制还很弱的情况下更是如此。三是超储账户的上收、统一核算问题。这与我国支付系统改革进展有关,目前还看不到前景。四是准备金制度改革,如账户合一、取消准备金存款利率、允许准备金资产的多样化等。五是以超额储备率为操作目标,要求商业银行资产中证券持有要占较大比重,随时可卖出证券补足超额储备,基本停止中央银行贷款等,现在看来,都有难度。

笔者对未来几年操作目标的确定并不乐观。比较而言,如果允许五年之内 M2、M1 有一个较大波幅,则以中央银行资产增量为操作目标较佳,然后过渡到以超储率为操作目标。

4. 判断市场利率的方法与分析

目前,我国关于市场利率水平可取以下四个数据:

(1)全国同业拆借一级网的同业拆借利率,例如1996年2月15日的市场利率为12.7%(年利率,三个月期);

(2)当日上海融资中心拆借市场利率为12.51%(年利率,两个月期);

(3)1996年2月6日发行的六个月期96(2)国债发行价格折成利率加发行手续费为11.43%(年利率);

(4)1996年2月15日上海证券交易所国债91天回购价格折成年利率为13.5%。

由此就形成一个很复杂的局面:上述四个年利率数据的基本要素(期限和风险)没有区别,但利率水平为何差别如此大?其中哪一个利率可以代表真正的市场利率?我想说明以下几个观点(判断):

第一,以上前三个数据基本反映了银行间的同业拆借利率,在年利率11.5%—13%这个区间,资金供应量很大,说明了当时商业银行的大致筹资成本(加权平均成本低于11.5%)。但是,这三个利率的差别说明了市场的分割。联网的同业拆借市场的交易量很少,每天只有十几亿元,特别是四大国有独资商业银行总行资金多,不积极参与同业拆借,使得同业拆借利率水平失真;上海融资中心的利率只能是区域性市场的利率,虽然其交易量较大,每天20多亿元,但该市场利率不能代表全国市场利率;国债风险利率也是局部市场利率,因为参与国债招标发行的金融机构数量不多,其中国有银行资金成本低、报价高,拉低了国债发行利率。

第二,银行和非银行金融机构之间的拆借交易基本隔断,形成两个风险差别较大的区间,真正的货币市场(风险分布一致)没有形成。商业银行最多借给融资中心(有人行背景),但融资中心也不敢拆给非银行金融机构,只借给城市信用社。所以,风险小的(或基本一致的)机构只有银行,而这些机构都是头寸较多的。由于市场参与者风险差别太大,实际上把货币市场分割了。联网同业拆借市场实际上只是商业银行市场,因而这个市场利率也较低。这也是同样拆借市场利率比上交所回购利率低的原因之一。

第三,在96(2)国债发行中,银行积极购买,它们对半年期11.43%的年收益率是满意的。在210亿元发行量中,工、农、中、建、交、浦东、中信银行共购买了121.3亿元(工行40.23亿元,建行22.2亿元,农行17.6亿元,中行15.82亿元,交行14.32亿元)。这也说明,它们预期1996年利率不会上调。而且,这个利率已是正利率(当时零售物价指数为7.6%,消费价格指数为9.85%),它们甚至预期存款利率可能下调(因为大商业银行参与货币政策决策,1996年5月1日利率果然下调)。

第四,但另一方面,企业等非金融部门实际承受的贷款利率都比较高,当时一年期贷款利率一般为12.06%加20%上调幅度再加本金的10%作为利率预扣金,贷款成本在年利率17%左右,而且商业银行还不愿贷款。这说明一个问题,就银行来看,贷款风险很大,所以贷款利率的风险折扣也很大。就一般理论而言,同业拆借利率与贷款利率的差距等于贷款风险折扣系数。所以,我国同业拆借利率较低并不意味贷款利率也低。

第三章 中国的存款准备金制度研究

建立支付准备金并强制规定比率的目的主要是:保障支付体系、清算体系的正常运转;增强中国人民银行的宏观调控能力,限制专业银行的信用扩张。

自1984年中国人民银行专门行使中央银行职能起,存款准备金制度已建立10年有余。存款准备金制度既是传统的货币政策工具,又是影响商业银行流动性管理和盈利水平的一项重要因素。如何评价并完善现有的存款准备金制度,对于促使中央银行向间接货币操作转轨、专业银行向商业银行转化具有十分重要的意义,因此是一个值得深入研究的课题。

一、基本内容和历史沿革

存款准备金制度是二级银行的产物,最早起源于英国。它是指商业银行将存款的一部分以准备金的形式集中存放中央银行的一种制度。以法律的形式将其形成一种制度,则始于1913年美国《联邦储备法》的建立。存款准备金制度创设的初始目的是为确保银行体系不会因放款太多而发生清偿危机,保证商业银行能够支付客户存款的提取。30年代经济大危机后,准备金制度演化为中央银行限制银行体系信用创造和调控货币供应量的政策工具。

西方发达市场经济国家的存款准备金制度通常指法定存款准备金制度。关于存款准备金本身，主要有三个概念：一是法定存款准备金，通常指中央银行通过法令法规，要求存款机构将其吸收的各类存款按一定比率缴存中央银行而形成的存款准备金。二是超额准备金，指吸收存款机构存于中央银行的准备金超出法定准备金的那部分存款。三是借入准备金，当吸收存款机构在中央银行的存款达不到其应缴存的法定准备金时，向中央银行要求贴现、再贷款或在同业市场上进行拆借以弥补其法定存款准备金不足的那部分资金。

我国的存款准备金由两部分组成：一是法定准备金，它是指各银行、信用社、信托投资公司将存款（及其他负债）按中央银行规定的法定比率存放在中央银行的准备金；目前的法定准备金率为13%。二是备付金，也即支付准备金，又称超额储备金，是指上述存款机构存入中央银行的超过法定准备金的那部分准备金存款（还包括少量的商业银行库存现金）。这两部分准备金分别存放在中央银行的不同账户。与西方国家不同的是，我国的法定准备金不能用于支付清算，只有存入往来账户的备付金才能办理现金收付和资金清算。为确保商业银行有足够的资金进行支付，人民银行规定各家银行的备付率为5%—11%。为更清晰地论述问题，本书将中国人民银行要求的最低备付率，称为法定备付率，而将各银行实际的超额储备占存款余额的比例称为实际备付率。因此，我国的法定准备金率实际包括两部分，其总比率达18%—24%。下文对存款准备金制度问题的研究也相应包括法定存款准备金和超额准备金两部分。

存款准备金制度的基本内容主要包括两部分：一是准备金制度建立的目的；二是准备金制度的各项具体操作内容。

1983年9月，国务院决定中央银行专门行使中央银行职能，按照国际上中央银行制度的通行做法，我国建立了上缴存款制度，也即存款准备金制度。1984年,中国人民银行与中国工商银行分设之时,各专业银行上缴中国人民银行的存款准备金率为:(1)储蓄存款为40%,农村存款为25%,企业存款为20%,其他一般存款为零。(2)财政性存款(机关团体、部队和财政金库的存款)则100%划缴中国人民银行。实际上,法定存款准备金的范围仅指专业银行和其他金融机构按规定比例所缴存的一般存款,财政性存款不在其列。但是,我国的存款准备金制度本身是包括了各专业银行和其他金融机构转缴央行的财政性存款的;并且,央行的货币控制能力与其资产负债结构密切相关,尤其是财政性存款和央行再贷款对中国人民银行的货币控制能力有着很大的影响。本章在这里以及后面的论述中一并加以介绍。

建立存款准备金制度的着眼点是让中国人民银行掌握相当的信贷资金进行结构调整,因而1984年规定的比率较高,中国人民银行大约控制了全国信贷资金的40%—50%。另一个重要作用,是使专业银行的信贷差额成了中国人民银行能够影响的变量,同时极大地限制了专业银行创造派生存款的能力。

法定存款准备金不能用于支付清算,因此,1985年,各金融机构根据规定在中央银行开设了一般存款户,通过该账户办理各项收付业务,包括向中国人民银行借用和归还各类贷款,向系统内外的资金划拨、资金拆借,联行资金的清算,缴存款的缴存和调整,向中国人民银行领用或解缴现金,以及对其他金融机构的各项资金收付。这一账户的建立形成了支付准备金制度的基础,构成了支付准备金存款。

建立支付准备金并强制规定比率的目的,主要是:保障支付体系、清算体系的正常运转;增强中国人民银行的宏观调控能力,限制专业银行的信用扩张。

我国现行存款准备金制度包括以下几方面内容:

(1)准备金率

法定存款准备金率经过如下几个变化过程。

1985年:过高的存款准备金比率迫使中国人民银行要大量地通过再贷款把资金返还给专业银行。当年中国人民银行实行"实贷实存"的资金管理办法,将各专业银行和其他金融机构的一般存款的存款准备金率统一调整为10%,财政性存款仍100%上缴央行。

1987年:为了紧缩银根,抑制通货膨胀,中国人民银行将各专业银行和其他金融机构的一般存款的存款准备金率统一由10%上调为12%;农村信用社1987年以前吸收的存款全部仍按25%缴存不变,1987年以后新增存款比例按12%缴存;城市信用社各项存款缴存比例为10%—40%(由中国人民银行各省分行具体规定比率);财政性存款缴存比率仍维持不变。

1988年:中国人民银行进一步紧缩银根,将各专业银行和其他金融机构的一般存款的存款准备金率统一由12%上调为13%;财政性存款缴存比率维持不变。1988年后,在贯彻适度从紧的货币政策中,考虑到13%的准备金率已经较高,且调整准备金的政策影响较大,反映强烈,所以七年来准备金率一直未作调整,延续至今。

法定备付率经历了如下几个变化阶段:

1989年:针对当时各专业银行普遍存在备付率过低和支付困难的情况,中国人民银行开始对各金融机构提出了支付准备金比率要求,以维护银行业清算体系的正常运转。各专业银行的支付准备金包括专业银行的库存现金和在中国人民银行的支付准备金存款,当时核定的备付金比率为5%—7%,主要用于专业银行营运资金的调拨和汇差资金的清算、同城票据的清算、专业银行之间的资金融通。

1995年:中国人民银行下发了《关于加强金融机构备付金管理的通知》,重新确定并区别地规定了各专业银行的备付率,其中工行为

6%—10%，农行为7%—9%，中行为6%—10%，建行为5%—11%，交行为5%—7%。

(2)**存款准备金的缴存范围**

存款准备金制度包括根据各家银行的会计科目规定得非常详细的需要缴存准备金的存款及各类负债的范围。最早可见1985年颁发的《工、农、中、建、交、中信、城市信用社划缴存款范围》，以后略有调整。一般说来，准备金的缴存范围包括各类客户存款、各种其他负债，但不包括同业存款、汇出汇款等科目中的负债。

(3)**缴存存款准备金的金融机构的范围**

凡是吸收存款的金融机构都要缴存法定存款准备金并满足法定备付率要求。这些机构包括银行、信用社和信托投资公司。保险公司和证券公司不必缴存款准备金。其中，农村信用社缴存农业银行，由农业银行视同客户存款再按准备金率缴存中国人民银行。

此外，根据《中华人民共和国外资金融机构管理条例》，在华外资银行分行，独资、合资银行以及财务公司也要对其外汇存款缴纳外汇存款准备金。

(4)**计算方法和缴存制度**

根据中国人民银行规定，我国各专业银行和其他金融机构在计提法定存款准备金和确定存款余额时，采用的是期末的存款余额，而不是日平均存款余额；计算基期为每月或每旬；缴存日为每月或每旬末后的5日或8日；缴存和受缴主体分别为各级机构对应各级人民银行。具体而言，各专业银行的市区分行和县支行(包括县支行及同城所属部、处)法定存款准备金按上旬末应缴存款余额和规定比例计算缴存额度，根据存款升降情况，每旬对存款准备金调整一次，在旬后5日内办理，缴存县、市人民银行；县支行以下处、所机构分散，交通不便，可以每月调整一次，由于这些处、所在调整缴存款时要通过县支行汇总转缴县、市人民银行,需要一定的邮程时间,可在月后8日内办理;建设银行总、分行在旬后8日内办理;其他金融机构,每月调整一次,在月后5日内办理,缴存当地人民银行;如调整日最后一天为例假日可顺延。

备付金的计算方式如下。

首先,各金融机构在中国人民银行往来户存款,是支付准备金的核算主体,它与库存现金随时相互转化。基层专业银行在中国人民银行存款户应经常保留的备用存款,一般采用经验数据法:

备付金比率=月(旬)备付金存款日平均余额/月(旬)各项存款日平均余额×100%

对存款户的监控,上级行核有额度的,相应的人行分支机构监督其经常保留足额的存款备付金;对未核额度的,则监督其按照经验数据比率保留额度。

其次,库存现金是备付金的现金准备,专业银行各级管理行根据各地现金收支具体情况,核定基层行处库存现金限额,超过限额的现金必须缴存中国人民银行(发行库),现金库不足时,应从中国人民银行发行库提取现金,以免影响正常现金支付。对专业银行库存限额执行程度的公式是:

库存现金限额执行率=本月(旬)库存现金日平均余额/核定限额×100%

此比率达到90%—105%,便可认为基本合理。

(5)账户设置

我国中央银行对各种金融机构的存款业务的账户设置,一般分为基本账户和专用账户两大类。基本账户也就是存款账户。各金融机构办理各项资金收付,均应通过基本账户。基本账户必须先存后用,不得透支。账户名称为"××机构往来——××存款户",即是备付金存款账户。专用账户是对各金融机构的各项资金,按照不同的性质、用途、管理要求分别设置的账户,其中,"××机构划来财政性存款——××机构存款户"为财政性缴存款的核算账户,"××机构缴来一般存款——××机构存款户"为一般性缴存款核算账户,也即金融机构的法定准备金账户。

与此对应,法定存款准备金在各金融机构的资产负债表上的反映如表3-1所示。可以看出,各金融机构对应的法定准备金和超额准备金的账户名称并不完全相同,同时交通银行和华夏银行的备付金账户分别设有两个,这主要是因为这两家银行的清算方式与其他银行有所不同。

表3-1 法定存款准备金和超额存款准备金在各金融机构资产负债表上的名称

	法定准备金账户名称	超额准备金账户名称
中国工商银行	(缴)存中央银行一般性存款	存放中央银行款项
中国农业银行	(缴)存中央银行一般性存款	存放中央银行款项
中国建设银行	(缴)存中央银行一般性存款	存中央银行存款
中国银行	(缴)存一般存款准备金	同城中国人民银行往来(借方)
交通银行	(缴)存中央银行款	存放中央银行款项 存中央银行清算汇票款
中信实业银行	(缴)存中央银行一般存款准备金	中国人民银行往来(借方)
光大银行	(缴)存中国人民银行款项	存放中国人民银行
华夏银行	(缴)存中国人民银行一般性存款	存放中国人民银行 存中国人民银行清算汇票款
其他金融公司	(缴)存准备金	存放中央银行款项

(6)准备金的监控

各专业银行各级分支机构以及其他金融机构在各所在地的人行分支机构开设法定存款准备金账户和一般存款账户,按规定向当地人行缴存法定准备金和存放备付金,同时接受当地人行的监控。中国人民银行和各专业银行总行一般作为管理机关,负责各自分支机构的管理。中国人民银行总行同时管理并受缴各专业银行总行的法定存款准备金和一般性存款(即备付金)。

由于法定准备金实际上相当于各金融机构上缴中央银行的一笔固定比例的资金,并不用于清算,所以专业银行各分支机构法定准备金的比率一律定为存款余额的13%,上缴对应的当地人行,全国专业银行系统的法定存款准备金率也就满足了13%的要求。而备付金的情况则有所不同。由于各地区经济发展水平不同,经济主体的交易结算量也自然不同,专业银行各分支机构保障支付必须留存的备付金也必然不同。专业银行系统内的备付率管理成为其流动性管理的重要内容,同时也是各地方人行的日常监控工作之一。1995年,中国人民银行《关于加强金融机构备付金管理的通知》规定,各专业银行总行的备付率由中国人民银行总行考核,其分支机构由各自总行考核,并要求各总行根据所属分行的实际情况,在规定期限内将备付率分解至各分行,中国人民银行分支机构据此进行监测。也即备付率和其他资产负债比例一样,都是由人行总行对专业银行以法人为单位进行考核,而各地人行对其系统内部的分解指标进行监测。

(7)**存款准备金的付息**

由于存款准备金创立的目的主要是为了使中央银行集中资金,进行结构调整,故而设定了较高的比例,如果对这部分资金不支付利息,就会极大地影响专业银行的利润,破坏其经营的积极性。为此,在存款准备金制度建立之初,专业银行在中央银行的准备金存款户和备付金存款户就是带息账户。目前,这两个账户的利息均为年息9.18%。

另外,金融机构的财政性缴存款中,中央银行财政存款、地方财政存款不计利息,机关、团体、部队存款和其他财政性存款一般是按企业存款利率付息。

(8)**金融机构的外币存款准备金**

1993年中国人民银行颁布《金融机构缴存外币存款准备金暂行规

定》,规定吸收外币存款的金融机构必须缴存外币存款准备金。缴存范围包括:个人外币储蓄存款;机关、团体、企业、事业单位及外国驻华机构的外币存款;发行外币信用卡的备用金存款;其他外币存款。缴存比例为各项外币存款平均余额的5%。中国人民银行对各金融机构缴存的外币存款准备金不计利息。

另外,根据《中华人民共和国外资金融机构管理条例》,在华外资银行分行,独资、合资银行以及财务公司每月月底也要向所在地人行缴纳占存款余额的3%—5%的外汇存款准备金。

本章仅限于对我国人民币存款准备金制度的研究,故下文将不再就金融机构的外币存款准备金制度加以讨论。

二、基本特点及与国外的比较

根据我们收集的资料,有关国家的存款准备金制度的规定如表3-2所示。

表3-2 各国准备金要求有关规定(1992年)

	美国	日本	德国	英国	加拿大	瑞士	中国
负债会计期间	14天	1个月	1个月	6个月	1个月	3个月	1天
准备金持有期间	14天	1个月	1个月	6个月	15天	1个月	10天
会计期末早于持有期	2天	15天	15天	180天	30—45天	50天	20天
活期存款最高准备金率	10%	1.3%	12.1%	0.5%	10%	2.5%	13%
其他存款最高准备金率	0	1.2%	4.95%	0.5%	3%	0.5%	13%
准备金平均期限	14天	1个月	1个月	不平均	1个月	1个月	不平均
准备金能否结转	能	能	能	不能	能	能	不能
库存现金能否作准备金	能	不能	按50%计	不能	能	能	能
准备金不足之罚息(高于央行贷款利率)	2%	3%—5%	3%	0	0	0	日息0.04%
准备金是否付息	否	否	否	否	否	否	9.18%

资料来源:中国以外其他国家数据来源于 Bruce Kasman,"A Comparison of Monetary Policy Operating Procedures in Six Industrial Countries"。

在进行国际比较的基础上,我们认为我国的存款准备金制度有以下几个特点:

1. 我国在存款准备金制度的作用上与西方国家有所不同

西方国家的存款准备金制度的作用经历了几个阶段的演变。法定存款准备金制度最早产生于商业银行为应付客户提现而使资产以现金、中央银行存款、政府债券等形式保有的实践。其后,随着中央银行再贴现工具的使用,商业银行的流动性可以从这一"最后贷款人"处得到支持,法定准备金用于防止银行破产和金融危机的作用遂发生转变。有的国家甚至不再规定银行必须遵守一定的准备金率,因为保证资产流动性、保障支付已被认为是银行自身的责任和营业的根本。法定准备金制度更多地被用来控制银行的信贷扩张及货币供给。

近几年来,随着西方国家中央银行的货币政策操作技术日益完善,存款准备金制度调节货币供给的功能大大减弱。理论界和实务界归纳了以下原因:一是调整法定准备金率虽然收效甚快,但会引起货币供给的剧烈波动,同时具有很强的宣示效应和间断性,不利于货币的稳定。二是法定准备金率政策必须和其他工具配合,如果商业银行可以很容易地获得准备金,法定准备金制度就不能有效地约束银行的信用创造能力。在西方中央银行逐渐转向以利率为操作目标,依靠市场分配储备的操作机制下,法定准备金率的作用将更多地侧重于稳定储备需求,辅助中央银行控制利率水平。

如果泛泛而论,我国的存款准备金制度的主要作用有三个方面:一是作为支付准备;二是进行信用控制;三是进行结构调整。其中一、二两项是与西方国家前两阶段相同的。就支付准备而言,并不是说西方国家的银行不再通过中央银行的存款户进行清算,而是指法定存款准备金作为一项制度而言,不再侧重于支付管理。第三项则是具有中国特色的。以后部分还将进一步分析这些功能的实际效果。我国的准备金制度将上述功能分别赋予了两个账户,法定准备金账户和备付金账户都执行第二项功能;此外,支付准备金账户主要兼具第一项功能,法定准备金账户主要兼具第三项功能,也即由中央银行集中控制一部分信贷资金,通过再贷款以及直接贷款手段执行信用资金结构调整的功能。就实质而言,我国的法定准备金账户更接近于西方国家(如英国)的"特别存款账户"(支付相当于短期国库券的利息;不作为支付准备;仅用于收缩银根),但西方国家运用时也仅作为一种选择性的信用控制工具,并不经常使用,更不具有结构调整的功能;而我国的支付准备金账户则接近于西方国家的法定准备金账户的真正含义,但目前执行中严格程度有些不足。

由于存款准备金制度的目的不同,也就相应带来了以下各方面的差异。

(1) **在央行资产负债表上的账户构成差异**

西方国家的中央银行仅将存款准备金一个账户作为核算和监控的主体,尽管存在法定准备金、超额准备金和借入准备金等多个概念,但账户主体都是一个;而我国存在两个分离的账户——法定准备金账户和支付准备金账户,对金融机构进行核算和监控。

(2) **准备金率水平的差异**

其一,西方国家的金融机构的法定准备金和实际(包括法定准备金和超额准备金之和)总水平一般都不超过10%,如英国的存款准备金比率水平为0.5%,瑞士为2.5%,加拿大为3%,而我国的总准备金比率(央行要求的法定准备金比率和支付准备金比率之和,13%+5%—11%=18%—24%)和实际准备金比率(各金融机构缴存中国人民银行一般性存款账户及存放中国人民银行款项账户余额之和与其应缴准备金存款总和之比)高达20%以上。其二,西方各国存款准备金比率的规定根据存款机构吸收的不同存款种类、金额、银行规模等加以区别规定(见表3-2),而我国的规定则对所有应缴准备金的存款采用同一比率。

(3)存款准备金账户对缴存机构的成本差异

西方国家的存款准备金账户是不计息账户,中央银行不对存款准备金账户支付利息;而我国的存款准备金账户是带息账户,现行年利率水平为9.18%。

2. 我国的存款准备金制度在许多操作细节上与其他国家存在差异

(1)准备金的计算和提取

$$准备金 = 存款余额 \times 准备金率$$

在准备金率确定的条件下,尚需:①确定存款余额。美国、日本、英国的中央银行,都是把商业银行的日平均存款余额作为计提准备金的计算基础。②确定计算基期。主要有两种计算方式,一是当期准备金账户制度,以当前结算期的日存款平均余额为计提基础,如美国;二是前期准备金账户制度,结算期的法定准备金以前一个或两个结算期的日存款平均余额为计提基础,如英国。我国存款准备金的计提与其他国家差异不大,也以当前结算期的日存款平均余额作为计提基础,但法定准备金以当前结算期的期末余额作为基础,结算期稍长,以10天或30天为一个结算期,而其他国家(如美国)以一周作为一个结算期的居多。

(2)可充当存款准备金的资产内容

多数国家规定,吸收存款机构的库存现金及其在中央银行的存款才能充当存款准备金。但有的国家规定,吸收存款机构购入的可以随时变成现金的政府债券等具有高度流动性的资产,也可作为存款准备金的组成部分。

3. 我国商业银行和中央银行的组织结构特点也决定了在准备金的上缴和管理上具有层层上缴和级级监控的特点

目前,我国商业银行和中国人民银行仍分别按行政区划设置分支机构,各商业银行的分支机构按现行规定需向当地的人民银行认缴准备金,形成了层层上缴的制度,并由后者负责日常监控。而西方国家由于中央银行的机构设置和商业银行体制及流动性管理情况与我国不同,一般是由具备法人资格的金融机构缴纳存款准备金,银行的分支机构再多,也只由其总部统一认缴。

三、商业银行备付率实证分析

虽然目前备付率及超额准备金在我国尚未作为正式的货币政策目标,但备付率的高低直接反映着银行头寸的松紧和流动性管理的状况,是观察货币派生潜力的依据,因此有必要对近几年备付率的变动情况作出实证分析,作为进一步评价和研究我国存款准备金制度的基础。

1. 制定和实施备付率的几个关键因素

首先,分析商业银行为保障日常支付及其他业务所需要的最低备付金余额。这直接关系到商业银行的资金使用效率,影响到商业银行的盈利水平,也是中央银行指定法定备付率的依据。

一般说来,决定日常必需的备付金水平时,可以从备付金账户的功能来分析。这些功能包括七个方面:①划缴存款准备金和财政性存款;②缴存中央银行现金和从中央银行提取现金;③取得或归还中央银行再贷款和再贴现;④汇差资金清算;⑤同城金融机构之间票据清算;⑥系统内资金调拨和金融机构之间的资金融通;⑦其他划缴资金,如内部资金管理要求或商业银行特定的代理业务。从理论上讲,这几个方面业务的流量越大,商业银行在人民银行的往来账户上应保留的存款平均余额就相应越高,从而导致商业银行支付准备金越高;否则,商业银行就可能出现支付困难。业务流量的计算可用以下公式加以衡量:

业务流量=业务发生频率×每次业务的平均业务量

业务发生频率和每次业务的平均业务量越高,则业务流量就越大,相应的商业银行的支付准备金要求也就越高。

也就是说,法定准备金以及财政性存款上缴要求的频率及每次平均业务量越高,公众现金提取业务发生频率及每次平均业务量越高,汇差及同城清算频度及每次平均应付流转金额越高,进行同业拆借的需求金额越高,则商业银行应达到的备付率也就越高;反之,则越低。若商业银行备付率达不到要求,必然会引起商业银行自主地或强制性地利用系统内部资金往来、不同商业银行系统间的资金往来、央行再贷款等项目加以弥补,保证资金的运转平衡,形成一定意义上的"借入存款准备金"(强制性的或自主性的,其中,强制性的资金平衡包括系统内与系统之间的汇差强制占用和拆借、倒逼央行的再贷款)。如果由于宏观紧缩的原因或是由于其他原因,商业银行无法依靠上述途径弥补支付准备金的不足,则只能依靠商业银行收缩其他的资产运用项目,在我国主要是收缩贷款运用加以弥补,维持支付准备金的平衡。

对上述几项业务的流量分析的科学预测和分析,是商业银行确定和掌握其自身支付准备金水平的基础,也是中央银行科学确定和变动支付准备金率水平的基础。一方面,由上述各项日常业务的流量分析所得出的支付准备金需求水平可能与目前中央银行规定的支付准备金要求并不完全一致,其吻合程度直接反映了中央银行确定的支付准备金要求水平的科学性,也是中央银行据以变动支付准备金要求水平的现实依据;另一方面,商业银行对这几项业务流量的分析和预测能力直接关系到其能否保持适当的支付准备金水平,以应付各项业务要求,维持自身的支付和清算能力,也直接关系到商业银行采用何种策略,通过成本收益比较分析方法,在收缩信贷业务、谋求央行再贷款、进行同业拆借以及进行系统内资金的划拨等方式之间进行选择,谋求"借入准备金",以弥补准备金的不足,确定合理的支付准备金率水平,进而影响本商业银行的整体经营效益。

将上述功能进一步归纳,影响超额储备的制度因素主要有:①中央银行各项调控政策的影响,包括贷款规模、再贷款政策、法定准备金率等。②支付和结算体制的影响。支付制度包括人们的支付习惯、可供选择的支付工具(现金、支票、汇票等)。清算制度通过人行系统,还是商业银行系统的联行系统进行清算、差额清算,或是全额清算、实时清算,或是事后清算等。③系统内部资金管理体制的影响。商业银行系统内的资金划拨和缴存制度以及流动性管理是统一全行管理,还是分割管理。④同业拆借市场发育程度的影响。无论是中央银行,还是商业银行,在运用这种业务流量分析方法对备付金要求进行分析和预测时,都应充分考虑到上述几个制度变量。

2. 近年我国备付金实际情况分析

下面以我国金融机构 1985—1994 年备付金水平的情况为例,分析这 10 年间各项制度及政策因素的变动对银行备付金水平的影响。

表 3-3 我国金融机构支付准备金情况一览表

年份	备付金(亿元)	备付率(%)
1985	470.0	14.54
1986	557.8	12.83
1987	527.5	10.23
1988	508.8	7.86
1989	812.1	10.14

(续表)

年份	备付金(亿元)	备付率(%)
1990	1414.6	13.22
1991	2031.5	14.59
1992	1631.2	9.09
1993	2656.3	11.97
1994	3507.1	11.51

注:备付金包括金融机构在中央银行的往来、存款和特种存款,均按年末余额计算。

资料来源:《中国金融年鉴》,1985—1994年。

1985年:支付准备金率为14.54%。以此为分析基期,当年各项制度如下:①以现金支付为主,银行逐步推广了商业汇票、银行汇票和银行本票结算方式,在农村推行农副产品收购定额转账支票业务。②各专业银行在地区间相互汇款,由过去的统一由中央银行集中清算,改为分别由各专业银行自行清算。③专业银行内部资金属于分级管理。④采用外汇留成制度和额度管理,实行受管制的外汇额度调剂市场;财政性缴存款的规定与一般性缴存款(法定准备金)除比率不同外,其他安排相同,这一制度因素除发生比率变化外,几乎没有其他变化。⑤允许专业银行进行短期间的资金拆借,同业拆借市场处于萌芽状态。⑥该年实行严格的信贷规模管制(指令性计划);各专业银行开始受到支付准备要求,虽无明确比例要求,但央行规定,无支付准备金存款,专业银行不得发放贷款,存款账户不足,可按计划向中央银行申请透支;当年法定准备金比率统一调整为10%。

1986年:支付准备金率下降为12.83%。使备付率上升的因素有:①改革同城票据清算制度,建立资金清算中心,扩大票据交换范围,促进同城票据清算;②专业银行在中国人民银行的清算账户不得透支;③各地出现分割的活跃的资金拆借市场,专业银行分行为主要参与者。使备付率下降的因素主要有:①取消了对专业银行贷款规模实行指令性控制的做法,除固定资产贷款外,实行指导性规模,可以多存多贷;②再贷款发放权限部分下放至省和计划单列市中国人民银行分行,基础货币控制受到地方利益的影响。

1987年:支付准备金率进一步下降为10.23%。其中促使备付率上升的因素有:①各专业银行将联行清算改为"跨行转汇"以制止各专业银行之间的资金相互占用;②地区资金拆借市场更为活跃。促使备付率下降的因素有:①改变了以往中央银行统包专业银行信贷资金缺口的做法,要求专业银行自求资金平衡,中央银行只根据宏观调控的要求,决定是否给专业银行融通资金;②上半年收回200亿元短期央行再贷款;③调高了法定准备金比率至12%;④提高了央行再贷款利率;⑤加强地方人行再贷款管理,改变央行省级分行可按专业银行在中央银行存款一定比例发放临时贷款的办法,对短期贷款实行额度管理。上述因素的综合效应为备付率下降。

1988年:支付准备金率下降为7.86%。促使备付率下降的主要因素有:①市场出现抢购风,居民储蓄增长速度下降,货币发行大幅上升;②1—8月贷款需求旺盛,央行被迫大量发放再贷款,第四季度大量回收再贷款,继续提高再贷款利率;③再次调高法定存款准备金比率至13%;④开办了其他金融机构的特种缴存款业务。

1989年:支付准备金率上升为10.14%。主要影响因素有:①加强了信贷管理,其中包括建立了全社会信贷总量的监控(试编全社会信用规划,分为全社会、国家银行、非银行金融机构信贷计划三个层次进行管理)制度;②全年贷款均为指令性计划,对贷款实行"限额管理,以存定贷",对贷款限额实行"全年亮底、按季控制、按月考核、适时调节",对农副产品收购资金实行了专项管理;③加强了再贷款管理,期限较短,定向贷款较多。

1990年:支付准备金率继续上升为13.22%。主要影响因素有:①中央继续实行"治理整顿",贷款总规模继续受到控制,信贷政策着力于结构调整;②央行再贷款主要是定向贷款。

1991年:支付准备金率上升为14.59%。主要影响因素有:①中央继续实行"双紧"政策,贯彻"控制总量、调整结构、强化管理、适时调节、提高效益"的方针,严格控制货币信贷总量,在贷款限额上实行中国人民银行总行和专业银行总行"双线"控制;②中国人民银行总行将各地分行的机动再贷款规模由贷款总量的5%增加为7%;③再贷款仍实行"收支两条线"管理办法,保证重点建设的资金除继续由专业银行组织存款筹集外,央行发放了定向再贷款予以支持,还发放了大量的以抗灾救灾、农副产品收购、清理"三角债"等为目的的再贷款。

1992年:支付准备金率下降为9.09%。主要影响因素为:①商业部门推行"四放开"改革,划小核算单位,在经济实体大量增加的同时,现金库存和使用量大量增加,而边境贸易活跃、各种集资活动频繁、地区间劳动力流动量大增,也使交易中的现金结算量增加;②信贷规模增幅较大;③对备付金比率超过7%的专业银行总行和省级分行,中央银行一般不再发放再贷款。

1993年:支付准备金率上升为11.97%。主要影响因素为:①人行要求系统内和跨系统大额汇款全部通过人行联行转汇;②中央银行治理金融秩序混乱状况,清理资金拆借市场,制止"乱集资、乱拆借";③中国人民银行总行在收回各分行的再贷款规模及发放权力的同时,严格控制贷款规模。

1994年:支付准备金率略下降为11.51%。其中使备付率上升的因素主要是:外汇体制改革,实行结售汇制度,因汇率相对稳定且呈逐步趋强的态势,各外汇指定银行之间(系统内、系统外)以及外汇指定银行与中国人民银行之间通过在人行存款进行外汇交易的业务清算量大增,除中国银行外,工、农、建、交各级分支行的外汇自营业务通过人行联行清算,引起在人行支付准备金上升。引起备付率下降的因素主要是:1994年年初中国人民银行在《信贷资金管理办法》中已明确各专业银行总行应对本系统信贷资金集中管理、统一调度,并对其支付能力负全部责任,同时中国人民银行对专业银行的备付率以法人为单位进行考核,使专业银行在地方人行的支付准备金率下降。这两个因素综合的结果是备付率水平变化不大。

近年来,专业银行的备付金比率随着经济金融形势的变化和资金头寸的松紧情况出现了较大幅度的波动,有些银行高时达到15%,低时不足1%—2%,甚至发生透支、倒逼中央银行提供贷款的现象,中国人民银行规定的备付金比率实际上没有得到严格执行。到1995年9月底,专业银行备付金存款余额为2486亿元,库存现金为443亿元,两项合计2929亿元,比年初下降50亿元,备付率为8%,比年初下降3.5个百分点。为保证汇路畅通,避免因专业银行系统内汇差资金的相互占用,影响企业汇款的正常解付,从1994年开始,要求每笔10万元以上的汇款必须通过中国人民银行联行汇划,同时向中国人民银行移存资金到"汇出汇款"账户(就整个专业银行而言,原支付准备金账户中有部分资金被移走了,提高了有效的专业银行准备金要求)。据了解,专业银行汇票移存资金占全部存款额的0.8%左右,约为300亿元。此项资金开始不计息,1995年年初开始改按活期存款年利率3.15%计息。

通过对我国金融机构备付率的实际水平进行分析,可以看到,我国金融机构在实际运作中,实际支付准备金远远高于规定的支付准备金要求。几大专业银行的支付准备金状况也大抵如此(因为在我国,四大专业银行处于绝对垄断地位),因此,可以说,我国银行体系的备付率水平偏高。

银行体系维持日常营业所需的备付金水平实际应有多高?造成银

行体系备付率偏高的主要原因是什么？实证分析的结果表明，除了上面指出的各项结算业务等基本因素外，中央银行的信贷资金管理体制（包括贷款规模管理、再贷款管理）和银行体系的资金管理体制是使目前我国银行体系备付率高于西方国家一般水平的主要原因，也是最具有制度特色的根本原因。

首先看贷款规模管理。目前，中央银行对商业银行仍然采取规定信贷规模和存贷款利率水平等直接控制手段。贷款规模控制的结果就是，商业银行不能对通过吸收存款、拆入同业等方式获得的资金予以充分利用，这样就会有"多余"的头寸，这部分无法动用的头寸必然相应地在中央银行的备付金存款账户中形成"强制性"的超额储备。从近10年的情况来看，每当中央银行采取紧缩性的货币政策，一方面严格控制贷款限额，另一方面提高存贷款利率，银行体系的超额储备都会明显上升，足以抵消促使备付率下降的因素的影响。限制商业银行的资金运用，同时提高其资金来源成本，必然影响到银行体系的经营和盈利，这将在下文中予以分析。另外，关于再贷款对备付率的影响也将在下文予以分析。

其次看银行的资金管理体制。我国的银行体系（包括中央银行）一直按行政区划设立分支机构，相应地，同业拆借市场、清算体系也都形成了以地区为单位的格局。加之，地方政府在一定程度上可以影响地方银行的业务规模直至人事、福利、子女的工作安排，因此，专业银行以及中央银行的分支机构都有较强的地方性，其业务经营及管理作用也以地方利益为出发点。在这种机制下，地方分支机构在利益驱动下，往往设法逃避规模管理，扩大资金支配权，尽量减少资金的上存和外流，使银行体系的资金管理呈分散状态，这无疑会使整个银行体系的备付率上升。另外，有的银行刚刚开始向商业银行转轨，主观上对加强流动性管理的意识不够充分，体制上加强备付金管理的激励机制不完全具备,银行管理决策和行为模式与此相适应,造成支付准备金的管理意愿不足,从而也使银行备付率偏高。

四、存款准备金制度与中央银行的货币政策

1. 结构调整功能

存款准备金制度与中央银行信用控制的体制特征有直接联系。这种体制特征从根本上说,就是中央银行通过集中专业银行的资金,通过直接贷款或调整再贷款结构等计划分配手段,实现以结构调整为目的的信贷控制。这是与西方国家法定存款准备金制度的最大不同之处。当时规定如此高的准备金率就是从中央银行这一角度考虑的。中国人民银行原副行长周正庆就曾指出:"中国的存款准备从一开始设立就着眼于资金结构调整功能。……由于准备金率长期不动和存在中央银行再贷款机制,准备金率本身对调控货币供应量的功能不明显。在准备金率较高的前提下,中央银行利用再贷款手段运用这块资金,既有吞吐基础货币的总量功能,又有调剂地区间、部门间资金余缺的结构调整功能。这是我国中央银行职能所决定的,是与西方中央银行所不同的。特别是,中国的非银行金融机构存款较多,这些机构不承担政策性贷款任务,并且各家专业银行承担的政策性业务数量也不同。因此,中央银行通过存款准备金集中一部分资金,支持重点建设,调节行际之间存贷款结构不平衡。"[①]

虽然从总量上说,专业银行上缴的准备金又通过中央银行再贷款的形式返还给专业银行,但从根本上说,这种体制仍是一种依赖直接的

[①] 周正庆:《中国货币政策研究》,中国金融出版社1993年版,第40—41页。

计划手段进行的结构调整。随着市场经济体制的建立,专业银行向商业银行的转化,利益主体的分散化,且不谈这种政策手段对商业银行经营和盈利的影响,从央行角度来看,其力图调整结构的设计初衷能否实现,是值得认真思考的。

宏观环境的变化和各项改革的实施,已经弱化了中央银行直接调整经济结构的功能。1994年收回了中国人民银行分支行的再贷款权,除极少量的用于弥补清算缺口的临时短贷和少量的再贴现外,其他再贷款改为全部由中央银行总行向商业银行总行提供。这样,就同时消除了每年通过制定和下达各地区再贷款计划进行地区结构调整的功能。收回地方人行专项贷款权,同时逐步取消中国人民银行的专项贷款,这项措施使得中央银行通过直接贷款支援个别项目和地区的作用也随之消失。1994年,中央银行基础货币投放量为4658亿元,其中有3628亿元是由外汇占款的增加引起,占到基础货币投放量的78%;同期,中央银行贷款量为868亿元,占基础货币投放量的19%。

凡此种种因素表明,我国存款准备金制度的结构调整功能已经丧失。

2. 信用控制和货币控制功能

目前,我国中央银行的货币政策中介目标主要是信贷规模;操作目标主要是基础货币,同时监控超额准备金、短期利率。货币政策工具主要有:贷款限额、利率管理、再贷款、法定存款准备金率,以及处于试点阶段的公开市场业务。信贷计划中包含对商业银行贷款规模及结构,以及对中央银行再贷款的详细规定。这是最主要的货币政策工具。利率管理则包含对各种期限的存款和贷款利率的详细规定。

自1984年中国人民银行行使中央银行职能以来,货币控制一直是以直接控制为主,最主要的政策手段是通过制订贷款计划和规定银行的存贷款利率来直接控制中介目标。在这种方式下,间接货币政策工具的作用并没有真正得到发挥,间接控制的框架也从未实际建立过,再贷款等手段的使用主要是为了实现再贷款计划,以及弥补专业银行资金来源与资金运用之间的缺口。

法定准备金率作为一种货币政策工具,存在着政策效应过于剧烈等缺点,因而多年来一直保持在13%的水平。而实际上,存款准备金制度本身对货币政策的影响还是存在的。特别是当中央银行转向间接货币调控后,货币政策目标的预测和基础货币的管理将占有突出地位。准备金对货币控制的影响主要包括两个方面:一是对基础货币的影响;二是对货币乘数的影响。

准备金制度对基础货币的影响在于:首先,法定准备金率和法定备付率的高低决定了商业银行对准备金的需求,以及对准备金需求的稳定性和可预测度;其次,准备金缴存制度的一些操作细节也会影响对准备金的需求及其可预测度。例如,采用时点量计算准备金要比采用平均余额计算准备金的可预测度差;采用前期准备金账户制度要比采用当期准备金账户制度可预测性强;等等。由于我国的金融市场利率尚未完全放开,银行的流动性管理尚不完善,所以一些操作细节的影响还不是很明显,法定准备金率和法定备付率对基础货币的影响主要在第一方面。

准备金对货币乘数的影响可以由下列模型推导。在模型中:

R——商业银行的存款准备金;

C_p——非银行社会公众所持有的通货;

D_p——商业银行对非银行社会公众的活期存款负债;

T——商业银行对非银行社会公众的定期存款负债;

D_t——商业银行对政府部门的存款负债;

A——商业银行向中央银行的借入准备金;

B——基础货币;

r——商业银行的存款准备金率;

b——商业银行的借入准备金率。

定义:$M = C_p + D_p$

$B = C_p + R - A$

$r = R/(D_p + T + D_t)$

$b = A/(D_p + T + D_t)$

$K = C_p/D_p$

$t = T/D_p$

$d = D_t/D_p$

令 $m = (1+K)/[(r-b)(1+t+d)+K]$,则有 $M = mB$。

该模型建立在以下假设基础之上:①M 的定义建立在货币的交易媒介职能基础之上,认为只有通货和商业银行的存款才是货币,非银行金融机构的存款不包括在内;②商业银行有能力供给多少存款,非银行公众就能接收多少存款;③撇开了利率在货币供给中的作用,假定模型中的有关参数不受利率的影响;④基础货币是由中央银行在商业银行和非银行社会公众以外独立决定的,不受模型中其他变量的影响。这些基础假设在我国经济转轨过程中,可以认为是有效的:非银行金融机构不发达,专业银行经营的垄断性保证了假设①;非银行社会公众的投资饥渴症和我国经济的高速增长势头保证了假设②;利率管制保证了假设③;一旦专业银行受到的贷款规模限制取消,被迫性超额储备不再存在,假设④也可得到基本满足。因此,可认为上述模型具有一定的有效性。通过模型可以看到准备金率越高,货币乘数越小,对基础货币的扩张效应越小。

在分析我国准备金率对货币乘数的影响时必须注意到,由于贷款规模的限制,准备金中只有法定准备金和法定备付金对货币乘数的影响是较为确定的,而实际备付率本身是贷款规模的因变量,反而给通过货币乘数分析货币供给带来了很大不便。

在通过基础货币调控、影响货币供应量的间接货币控制模式下,货币控制的策略可以在两种方式中选择:一种是通过制定较高的准备金率,选择较小的货币乘数,对货币供应量的影响则较大程度地受到基础货币变动的影响,也即较大地受公开市场操作、再贷款等间接工具的影响;另一种是降低准备金率,扩大货币乘数,这样基础货币的微小变动就会对货币量产生较大的影响。

目前,我国的贷款规模仍对专业银行的超额储备有很大影响,超储率和法定准备金率相差不大,因而货币乘数受中央银行直接控制的程度较低,而在更大程度上是贷款规模约束下的产物。在转向间接控制的过程中,中央银行将逐步取消贷款限额管理,代之以资产负债比例管理,贷款规模对货币乘数的影响也将发生改变,相应地资产负债比例管理中关于流动性比例的规定可能成为影响货币乘数的重要因素。在这一转变中,对货币乘数和准备金需求的预测将成为中央银行制定货币政策目标的关键,因而准备金制度的改革和设计也将围绕这一目的进行。另外,存款准备金制度还会对商业银行的经营和盈利产生影响,这些影响也应成为改革准备金制度的出发点。

五、存款准备金制度对商业银行的影响

1. 过高存款准备金直接影响商业银行能够自主使用的资金来源

如前所述,法定存款准备金率加上法定备付率使实际上专业银行的法定准备金率达到18%—24%,这样高的准备金率无疑使专业银行自主运用资金的权力受到限制。从某种角度讲,相当于对银行体系征

收的一种"准备税"。

虽然从总量上说,我国专业银行在央行的存款准备金金额一直小于中央银行给专业银行的贷款总量,即存在"超贷"现象。例如,1994年年末,中央银行对所有银行贷款的总余额为10451亿元,减去所有银行当月在央行的法定存款准备金余额3828亿元,"超贷"6623亿元,①但是"超贷"并不能就此增加专业银行的资金自主使用权。这与中央银行再融资(再贷款)的方式和结构有关。

我国中央银行的贷款可细分为两种业务:中央银行再贷款和中央银行专项贷款。其中,中国人民银行再贷款是指中国人民银行对专业银行和其他金融机构发放的贷款,实行"收支两条线"、核定和分配额度管理和期限管理的办法,采用"年度性贷款账户""季节性贷款账户""日拆性贷款账户""铺底资金贷款账户"及"××机构往来账户"进行核算;专业银行向中国人民银行借款的用途往往是为了弥补其在央行往来账户上头寸的不足,以满足其通过该账户运转的业务需要,体现中央银行最后贷款人的功能。而中央银行的专项贷款是指除了再贷款外,中央银行委托专业银行或其他金融机构发放的其他贷款,通过"地方经济开发贷款""老少边穷地区发展经济贷款""购买外汇额度人民币贷款""沿海城市及经济特区开发性贷款""金银专项贷款"等科目及"拨划专业银行××专项贷款资金××户"加以核算,体现央行集中部分信贷资金实行信用结构调整的功能。

专业银行固然可以通过利用央行分配的再贷款增加资金来源,解决支付准备的不足,甚至发放贷款,但其总量规模仍是有限的,因为央行发放的大量贷款都属于专项贷款,有明确的指定用途。因此,这种"超贷"状况并非意味着专业银行可自主使用的资金来源有所增加,也

---

① 《1994 中国人民银行年报》,第 14 页。

无法弥补专业银行上缴准备金而丧失的资金的自主控制权。甚至在极端的情形下，中央银行的专项贷款需要先由专业银行垫付资金，而后中央银行再发放贷款予以弥补，这其实进一步使专业银行丧失了部分自主的资金来源。

这样的"超贷"模式不仅削弱了专业银行自主运用资金的能力，还可能带来其他负面影响。①专业银行可以利用这些受托发放的政策性贷款任务的特点，占用中央银行的专项贷款资金以从事其他资金运用活动，而倒逼中央银行继续发放政策性贷款，对央行货币控制能力构成威胁。这即是人们广为谈论的"倒逼"机制。②在中央银行大量集中资金，再大量返还资金的机制下，加之国有银行的利益机制和约束机制尚不健全，人行总行和分行在使用这一信贷控制手段时难免出现人为设租的行为，各家银行为获取资金难免卷入很多的不一定公正的谈判中，这对于营造一种公平竞争的环境是有不良影响的。

2. 过高的准备金率有可能迫使银行出现过高的风险选择，引起脱媒

通过指定较高的法定准备金率从银行体系集中资金的做法在其他国家也有。一些经济文献说明，历史上美联储也曾出于为财政部筹集资金的目的，影响其法定准备金率政策的制定，虽然没有在法律上明确规定。在发展中国家，这种做法则更为普遍。如 1972 年，哥伦比亚的商业银行要把其存款的 31% 以无息方式存入中央银行，后者利用商业银行的高额储备直接向工商企业发放信贷，以达到配置资源的目的。其结果是，不仅资源配置的效果不理想，还使银行体系为保证不发生亏损，发放了大量的高风险、高利率回报的贷款，加大了银行体系的风险，降低了资金配置的效率。如果同时还对银行体系的存贷款利差加以限制，还会出现脱媒现象。

80年代以来,许多国家(主要是东南亚国家)在金融自由化的进程中,都对存款准备金制度作了适当调整,中央银行降低了法定准备金率的要求,以增强银行体系的资金实力,促进合理竞争。

在我国,中央银行虽然对商业银行的准备金支付利息,但从总体的利率结构看,高额备付金的占用对商业银行的利润影响还是较大的。近几年,我国金融体系也出现了大量的脱媒现象,这在一定程度上和准备金率较高、银行利润受到存贷款利率的限制有关。近期对商业银行的现场检查表明,有的银行存在着从存款中直接发放贷款的账外经营问题,这种做法既使其逃避了贷款规模管理,又使其少缴了存款准备金。而账外贷款因管理和法律程序不健全以及贷放利率较高产生较高的风险,使资产质量无法保证。

3. 现行存款准备金制度可能形成不公平的竞争基础

法定存款准备金的政策效应要求应是:存款期限越短,准备金要求越高;存款金额越大,准备金要求越高;吸收存款机构的业务规模越大,存款准备金的综合水平可相应越低。世界各国基本上都采用了这样的分类方式对存款机构的不同存款核定了不同的法定存款准备金比率要求。这与各机构自身的支付准备金的管理逻辑是一致的。而我国目前的做法,无论是法定准备金,还是支付准备金,都按期末或日平均余额的规定比率(13%或5%—11%)核算专业银行的存款准备金,而不考虑存款期限结构的差异。对不同期限的存款规定统一的准备金比率要求会造成"定期活期存款比例"较高的商业银行与该比例较低的商业银行对单位存款金额必须缴存的准备金相同,但这种做法从准备金管理的实际意义——应付正常的支付清算来说,对商业银行是不公平的,也不利于商业银行积极地吸收中长期存款。

1995年,中国人民银行对备付率的管理内容作了调整,对不同的银行采取了区别对待的政策,分别规定了不同的备付率要求,其中工行为6%—10%,农行为7%—9%,中行为6%—10%,建行为5%—11%,交行为5%—7%。不管中国人民银行在制定这些标准时是否仔细分析了银行存款的期限结构、清算体系及备付金管理能力的差别,但对商业银行来说,规定有差别的备付率水平是一种有失公允的做法,至少中国人民银行不可能随时监控各家银行在这些决定因素方面发生的变化而对备付率要求及时作出修改。实际上,比较合适的方法是对各家银行公布统一的标准,按实际情况计算出各自的备付率。

4. 存款准备金制度对商业银行盈利的影响

存款准备金制度要求本身具体表现为专业银行的库存现金、缴存人民银行一般性存款以及在中国人民银行往来账户上的存款。这三项资产用途都受到中国人民银行的严格监控。在与存款总额的比例上,必须达到人行要求的水平。超过部分既可能是一种自愿的资产运用,也可能是一种被动的资产运用选择结果,因为专业银行可能因受到贷款规模的限制,无法过多发放贷款。同时,其他业务市场的深度和广度不够,如国债市场、票据市场、同业市场发展程度不足,《商业银行法》又限制了专业银行的直接投资业务、证券业务等,可能会造成专业银行资金无处可用,只得存放中央银行形成过量的支付准备。有关统计表明:除库存现金之外,法定存款准备金和支付准备金已构成各家银行的重要有息资产,除1988年和1992年之外,这项资产占到存款的23%—27%,其中建设银行更高。从1989年到1994年的平均值看,四家专业银行的总准备金资产(不算库存现金)均占总资产的20%—22%。由于这部分资产的收益率低于贷款利率,所以这对专业银行的盈利是有很大影响的。

建设银行的支付准备金率较大幅度地高于其他银行。这是因为,国家信贷计划规定建设银行要承担大量指令性、计划性的基本建设贷款任务,这类贷款期限一般在10年以上。这样,建设银行的负债中储蓄存款和企业短期存款占绝大比例,而资产中都是大量的长期限贷款。信贷计划迫使建设银行负债和资产的期限结构严重不匹配,负债的流动性高,资产的流动性很低,如果其他条件相同(如分行格局、支付体制等),建设银行为了应付负债的流动性,必然要持有较多的支付准备金。这对其盈利水平也是有很大影响的。

存款准备金是专业银行所有盈利性资产中盈利性最差的一项资产,但其流动性最高,是用来应付支付清算等业务的必要资产。如何在保证资产流动性和盈利性之间取得平衡是专业银行准备金管理的核心,具体表现为专业银行最佳存款准备金比率的确定。

下面给出一个关于最佳准备率的计算模型。我们假定:(1)存款水平D,全部为活期存款,外生地给定;(2)因支付、清算、资金划缴等业务引起的支付准备金外流净额X分布由f(X)给定;(3)贷款的净受益R,即利息减管理费用,外生地给定(利率官定或信贷市场为完全竞争,商业银行为利率的接收者);(4)P是由于支付储备不足而引起的每个时期的单位调整成本(这包括紧急销售资产或借入而取得替代资金的成本);(5)储备资产的利息为R_m;(6)不存在贷款规模限制;(7)资金运用只有存放央行和发放贷款两种途径可供选择。在这些给定的前提下,商业银行选择超额储备资产H和贷款E的最佳组合以求总成本N最小。

设中央银行规定的法定准备金率为K,设客户提取贷款用于支付的稳定比例为a,令$\Theta=a+(1-a)K$,这样,持有超额储备的机会成本不是$H(R-R_m)$,而是$H(R-R_m)/\Theta$。商业银行的资产变动有两种:一种与负债同向增减,即贷款;另一种与其他资产反向增减,如证券等。这样,商业银行超额储备的机会成本可以是证券成本的收益率,也可以是上述表达式。前者不涉及资产总量的变动,符合假定(1),但是我国商业银行持有的证券资产数量很少,不具代表性。因此,采用后者并给出假定(7)。用于发放贷款带来的存款增加也可以认为是模型可以接受的。预期流动性成本 L 是支付储备不足成本 P(X-H)的乘积,支付储备不足的概率为 $\int f(X)dx$。因此,

$$N = H(R-R_m)/\Theta + \int P(X-H)f(X)dx \qquad (式3-1)$$

N/R=0 表明,

$$(R-R_m)/\Theta = LH = P\int f(X)dx$$

式中,LH=L/H。因此,持有单位超额储备的边际机会成本等于流动性成本的边际下降率 L/H 时,模型达到最优。

值得强调的是:(1)X 本身是专业银行进行流量分析(参见本章第二节)中所考察的支付业务、清算业务、资金划缴及缴存业务等的现实业务发生频率 Φ_i 及每次平均业务量 Y_i 的函数,其中 i 表示业务种类,P 则是专业银行与央行谈判以获得再贷款的谈判成本、再贷款利率、同业拆借市场的拆借利率、专业银行资金上存下拨管理中的资金往来成本等变量的函数。(2)在存在贷款规模 Q 限制的条件下,若 Q 大于该专业银行的可贷资金来源,则即便在上述模型中去掉假定(5),式 3-1 仍然有效;否则,H=D(1-K)-KQ。因为发放数量为 Q 的贷款,意味着创造 Q 的活期存款,这部分存款必须交纳 KQ 的法定准备金,共有 D(1-K)-KQ 的资金来源被迫用于超额支付储备。各个具有同样存款水平 D 的专业银行的盈利水平完全取决于 Q 的高低,贷款规模越高,Q 值越大,被迫持有的超额储备越少,机会成本 $H(R-R_m)$ 也就越小,相应地,专业银行的盈利水平也就越高。但是,从我国现存的信贷管理制度和准备金制度看,准备金制度对专业银行的盈利水平是负效应。

假如随着金融体制改革的进一步深化,中央银行成功地实现了以间接货币控制为主的货币政策转变,专业银行的贷款自主权得到落实的话,这种被迫的准备金资产运用方式将得以改变,专业银行就不得不在考虑满足中央银行的法定准备金要求和自身支付、清算、资金划缴、调拨等业务的准备需求后,在存放中央银行、发放贷款、投资于国债市场和票据市场等资产运用业务中根据盈利性、流动性和安全性原则加以选择,准备金的管理也就越发具有重要作用了。

5. 存款准备金制度与同业拆借市场

1985 年,中国人民银行对各专业银行实行了实贷实存的资金管理办法,并允许各银行之间相互拆借。但当年受严厉的紧缩政策的影响,相互拆借并未真正发生。1986 年,在中国人民银行的推动下,同业拆借开始实际开展。

10 年间,同业拆借市场的发展几起几落。同业拆借市场的总体特征是:①以由各地人行牵头组建的负责本地区金融机构横向资金流通的有形市场为主(融资中心),各商业银行总行之间也可直接进行拆借;②参加主体不仅包括银行,而且包括信托投资公司、证券公司等非银行金融机构,地方拆借市场由商业银行总行授权其分支机构直接进行拆借;③各金融机构之间的拆借用于弥补头寸不足和临时周转的少,大多用于弥补资金缺口,一度造成同业拆借期限过长,现已基本得到规范,拆借期限限制在 4 个月以内;④拆借利率受管制,目前月利率上限为 10.98‰;⑤1996 年,全国银行间同业拆借市场实现联网,一级网联通了各商业银行总行和一部分的地区拆借中心(融资中心),二级网连接了省内各银行的分支机构和在人行开户的非银行金融机构。这一联网措施基本上改变了同业拆借市场以往存在的地区分割、各地区拆借利率相差较大的状况。②③④条曾是造成 1993 年同业拆借市场出现秩序混乱的重要原因。当时,不少金融机构利用资金拆借渠道逃避贷款规模控制,大量转移信贷资金去炒房地产、炒股票、办公司,或用于地方财政开支搞开发区、上新项目、扩大固定资产投资规模,变相提高利率,严重干扰了宏观调控,有的金融机构甚至出现了支付困难。

同业拆借市场和准备金管理是相互影响的关系。商业银行的超额准备金可以通过同业市场调剂出去,支付准备金不足时也可通过同业市场借入。准备金的供求决定了拆借市场的供求。因此,商业银行内部对各分行的备付金管理以及中国人民银行对备付金的监控直接影响了同业拆借市场的发展。地方分行掌握的资金越多,调度能力越强,自主权越大,地区拆借市场就越活跃。从 1985 年到 1995 年的 11 年间,大量的同业拆借都发生在分行。由于法定准备金和支付准备金的账户和缴存在平行的人行各级分行,支付准备金的供给与需求也发生在分行,清算也以地方分行为中心。这种体制的代价是削弱了各总行统一调度资金的能力。在通信设施及管理系统较落后、制度不健全的情况下,有的国有银行总行根本不知道当天全系统的资金头寸,资金的调度和使用的效率自然很低,总行信息不及时准确的结果是使资金更加分散,各分行保留了更高的超额准备金,从而抬高了全系统的备付率。1995 年,各家银行在向商业银行转化的过程中,纷纷开始重视备付金的管理,总行开始强调资金的集中管理、统一调度。有的银行已逐步收回基层银行(省以下分支机构)的拆借权,这在一定程度上将影响地方拆借市场的发展,但从商业银行整体来看未必是件坏事。

1995 年,同业拆借市场得到进一步规范,部分地受宏观从紧政策的影响,拆借市场并不非常活跃。从规范后的市场来看,绝大部分资金拆借的期限被控制在规定以内,也即主要用于弥补清算头寸不足和短期资金需要。由于目前法定准备金率和备付率都保持了较高的水平,所以短期内在弥补清算差额方面的拆借也不会太积极。另外,目前中央银行对法定准备金和备付金全部支付年率9.18%的利息,这也是使拆借不积极的重要因素之一。

六、存款准备金制度的改革设想

以上几节介绍了我国存款准备金制度的基本内容,并通过国际比较归纳了其特征,对10年来备付率的变动情况进行了实证分析,在后两部分分别从中央银行和商业银行的角度对我国的存款准备金制度作出分析评价。在此基础上,本节对今后如何改革存款准备金制度提出了若干建议。

1. 法定存款准备金与支付准备金账户的合并

由于中央银行的直接贷款制度和社会信用结构调整功能已经弱化,应将中央银行的存款准备金制度的功能规范为货币信用控制、维护币值稳定,以及提供支付清算"最后贷款人"服务、维护社会支付清算体系的稳定。

在操作上,与国际通行做法一致,合并法定存款准备金账户和支付准备金账户,允许法定存款准备金用于专业银行的支付清算。账户合并是我国准备金制度在操作上最为关键的一步改革。

2. 降低法定存款准备金率要求

(1)账户合并后,法定存款准备金和支付准备金合二为一,都是法定存款准备金。若简单合并,我国目前的法定存款准备金率将达到18%—23%,比率非常高。应该随着弱化直至取消中央银行的直接贷款制度和社会信用结构调整功能的进程,逐步降低法定存款准备金率要求,消除中央银行的"准备税"。降低准备金要求的时机,可选择在财政部大量发行债券融资时。

(2)在上述过程中,重要和必要的一步是:利用不断降低准备金要求而为专业银行带来的超额储备,逐步收回中央银行的再贷款,逐步减少中央银行对社会直接发放的贷款,增加中央银行持有的国债数量。一方面,逐步消除中央银行的社会信用结构调整这一财政性职能;另一方面,为中央银行硬化再贷款约束,中央银行利用持有的国债进行公开市场操作,培育中央银行的间接货币控制能力创造条件。

(3)对专业银行来说,存款准备金率下降使专业银行可自主使用的资金来源增多,有效降低专业银行的资金来源成本,使专业银行的盈利能力和积累能力得到加强。

3. 存款准备金核算体制的改革

(1)账户合并后,将专业银行的准备金计算基础统一为以核算期内日平均存款余额为标准,存款准备金率按不同的存款种类设定,以真正体现准备金准备支付和清算的功能;同时,消除不同金融机构因负债期限结构的不同所造成的待遇不平等状况,也就是说,使各金融机构的可用资金来源不至于因按单一的存款准备金率核算而受到不平等的待遇。

(2)专业银行只要在某一时点(考核时点)达到法定存款准备金率的要求即可,允许考核时点间的法定存款准备金账户余额有波动。这样,专业银行为补足考核时点上法定存款准备金的不足,就会产生"借入准备金"的需求,这有利于规范和发展我国的货币市场,也有利于中央银行的间接货币控制政策工具的使用。

4. 改革专业银行的存款准备金缴存制度

(1)改变专业银行层层分支行分别向中国人民银行的层层分支行缴存存款准备金的现行做法,在专业银行加强全行资金的统一流动性管理之后,可以考虑在省一级人民银行和专业银行分行核算、缴收存款准备金,省以下的人民银行和专业银行就不再单独核算和缴收存款准备金了。

(2)这一改革可以促进专业银行内部资金管理体制的改革,加强专业银行资金的统一流动性、统一核算、统一调度运用等方面的管理。同样,这一改革与支付体系、清算体系的改革也是同步的。中国人民银行和专业银行的核算、支付、清算系统的最基层单位设在省一级分行。这有利于促进专业银行的内部资金管理制,也有利于提高专业银行、中国人民银行的支付清算效率。

5. 改革存款准备金的结构

(1)改革除现金和专业银行在中央银行的存款才能算作存款准备金的规定,允许国债、政策性金融机构发行的金融债券等流动性、安全性高的金融资产也可以作为存款准备金。

(2)这样的结构改革有利于进一步降低专业银行持有支付准备金的机会成本,同时增加专业银行可自主使用的资金来源。

(3)这样的结构安排还有利于促进专业银行资产的多样化,促进专业银行认购和持有国债和政策性金融机构发行的金融债券,刺激国债市场和其他债券市场的发展,为政策性金融机构履行职能提供资金来源保障,既帮助专业银行摆脱政策性业务的羁绊,顺利完成专业银行的商业化转轨过程,又有利于中央银行利用国债市场进行公开市场业务操作,加速中央银行货币控制方式由直接货币控制向间接货币控制的转换。

6. 存款准备金资产的利率改革

(1)逐步降低对专业银行的存款准备金存款的付息水平。

(2)降低对专业银行的存款准备金存款的付息水平,会提高专业银行准备金不足时的调节成本,有利于强化专业银行从事超额储备管理的意识,促进同业拆借市场的发展,可考虑付息水平略低于同业拆借利率下限。同时,该利率水平的调节还可作为影响利率结构的一个备选政策工具。

(3)降低对专业银行的存款准备金存款的付息水平,也是配合中央银行逐步放弃社会信用结构调整职能的一种措施。中央银行承担这一职能,就会要求一定比例的信贷资金来源,专业银行上缴存款准备金作为这些资金的重要来源,应该得到一定的补偿;而这一职能弱化之后,中央银行在逐步降低法定存款准备金要求的同时,仍付给专业银行存款准备金存款利息的做法就缺乏理论根据了。

第二篇　利率·储蓄

第四章　中国利率市场化改革研究

　　利率市场化改革有利于货币政策实施的信念是不容动摇的,问题在于怎么跨出这一步。从我国实际情况出发,利率市场化改革应采取渐进的改革方式。

　　1994年,我国新一轮金融体制改革推出了若干重大举措,其中以人民币汇率并轨、中央银行职能转换和国家专业银行商业化改革尤为引人注目。但是,这一轮改革对原来计划控制的利率体制没有涉及。与大多数发展中国家金融改革的顺序相反,中国把利率市场化改革放在金融改革的最后阶段。这既由一系列制约因素所致,也说明各方面对利率市场化改革的具体步骤和风险尚存在不同判断。利率市场化改革是社会各界都十分关注的一件事,各种利益关系复杂,牵涉面广,因此就成为我国金融体制改革最后的难关。特别是利率市场化改革的滞后,对目前专业银行的商业化改革有很大影响。本章将对我国利率体系的现状作一深入的分析,指出利率市场化改革的紧迫性与难点,分析利率市场化改革与专业银行商业化改革的关系,并设计出我国利率市场化改革的具体方案和步骤。

一、利率体系现状分析

　　截止到1995年年末,我国各银行和金融机构对非金融部门和个人的各种存、贷款利率档次约100种,其决定权和管理权基本集中于中央银行,这就是现行利率体系的概貌。本节将对利率总水平与利率结构、利率管理体系,以及利率决策程序作一些实证性的考察,并给出制度性缺陷分析。

1. 利率水平与结构的历史变迁

(1)银行储蓄存款利率偏低,难以保持存款的稳定供给

银行存款是人们进行投资、获取收益的金融工具之一,收益率的高低取决于实际利率水平。在我国,银行存款利率由国家确定,利率调高主要是作为国家调整经济的杠杆,而不是专业银行经营的价格策略。

考察我国改革开放以来储蓄存款利率水平的变化,其基本特征是:改革开放以后,利率决策者已逐渐认识到利率水平过低对国民经济所产生的不利影响。1979年4月首先从调高储蓄利率开始对我国各类利率水平陆续进行了全面调整。1979—1989年,储蓄存款利率连续调高7次,一年期储蓄存款利率水平由改革前的3.24%调高到1989年的11.34%,但储蓄存款名义利率水平的调高在很大程度上带有恢复的性质。我国的实际利率水平在不少年份仍为负值(见表4-1)。

表4-1 我国改革开放以来的存贷款利率水平(1979—1995年)

年份	通货膨胀率(%)	存款利率(%) 名义利率	存款利率(%) 实际利率	贷款利率(%) 名义利率	贷款利率(%) 实际利率	利差(%)
1979	2.00	3.96	1.96	4.32	2.32	0.36
1980	6.00	5.40	-0.60	4.32	-1.68	-1.08
1981	2.40	5.40	3.00	4.32	1.92	-1.08
1982	1.90	5.76	3.86	5.76	3.86	0
1983	1.59	5.76	4.17	5.76	4.17	0
1984	2.80	5.76	2.96	7.92	5.12	2.16
1985	8.80	6.84	-1.96	10.80	2.00	3.96
1986	6.00	7.20	1.20	10.80	4.80	3.60

(续表)

年份	通货膨胀率(%)	存款利率(%) 名义利率	存款利率(%) 实际利率	贷款利率(%) 名义利率	贷款利率(%) 实际利率	利差(%)
1987	7.30	7.20	-0.10	10.80	3.50	3.60
1988	18.50	8.64	-9.86	10.80	-7.7	2.16
1989	17.80	11.34	-6.46	10.80	-7.0	-0.54
1990	2.10	8.64	6.54	10.80	8.70	2.16
1991	2.90	7.56	4.66	9.0	6.10	1.44
1992	5.40	7.56	2.16	9.0	4.60	1.44
1993	13.20	10.98	-2.22	12.24	-0.96	1.26
1994	21.70	10.98	-10.62	12.24	-9.46	1.26
1995	14.80	10.98	-3.82	13.50	-1.30	2.52

注:名义存款利率为一年期的储蓄存款利率;名义贷款利率为三年期的固定资产贷款利率。

资料来源:《1995中国金融年鉴》。

存款利率除恢复了一些传统的档次外,还增设了2年、3年、5年、8年等档次,注重了存款期限对利率水平的决定性作用。

利率的调整一定程度上考虑了物价上涨的因素,突出表现在通货膨胀严重时实行了保值储蓄。如1988年,全国平均零售物价指数达到了18.5%,许多地方出现抢购商品和挤提存款风。在这种形势下,中国人民银行在全国实行了对三年期以上储蓄存款保值的政策,即保值储蓄。但存款利率的调整总是滞后于物价的变化。

(2)银行贷款利率水平低,存贷款利差小,经营困难

银行贷款利率应该是存款利率加银行经营费用率和恰当的盈利率,因此,贷款利率要高于通货膨胀率和存款利率并与此保持适当的差距。近年来,银行贷款利率水平也很低,甚至还出现了负的实际贷款利率,不能抑制对银行贷款的需求,同时存贷款利差也出现了缩小的趋势(见表4-1)。改革开放十几年间,我国虽曾多次调整利率水平,但总的情况是存款利率调整的次数多、幅度小,而贷款利率调整的次数

少、幅度也小，因此存贷款利差始终偏小，并呈递减趋势。例如，定期按年的储蓄存款利率经过九次调整，从1980年的年利率5.40%调整到1994年的10.98%，而同一时段内，一年期流动资金贷款年利率从5.04%调整到10.98%，存贷利差缩小到零。如果考虑到银行的费用支出，则我国专业银行用吸收的储蓄存款发放贷款，实际上处于全行业亏损状态。这种存贷利差现状已经成为专业银行商业化改革的障碍，因此，在调整利率总水平的基础上，应使存款利率和贷款利率保持一个合理差额。

（3）差别利率的结构及管理不能适应政策导向、资金流动、风险管理的要求

要发挥利率促进资金市场配置的调节作用，在银行存贷款基准利率的基础上，还需要利率能体现银行存贷款的"期限性、流动性、安全性"原则，即差别利率体系。目前专业银行的差别利率主要是以存贷款期限不同、贷款对象和业务的不同来确定的。例如：体现不同期限的银行存款、贷款的利率差别体系；体现不同政策性业务的优惠利率体系；金融机构之间往来的利率体系；以及专业银行在20%幅度内的浮动利率权限和加罚息制度；等等。在我国目前情况下，除了因期限不同而利率不同之外，差别利率主要体现政府的政策优惠。此时，差别优惠利率的作用类似于税收优惠（差别税率）。我国的差别优惠利率虽起到了一些积极作用，但从市场经济发展的观点及趋势上看，还存在较大的问题。这集中体现在以下两个方面：

第一，差别利率还没有体现出企业资信高低、风险大小的区别。银行的贷款决策除了贷与不贷外，在贷款的利率上也应体现出高低差别来。经营好、信用高的企业应能以较低的利率取得贷款。银行从稳健经营角度出发，也应给予这类企业以优惠的利率。而对风险大、信用较差的企业，收取高利率。这样，在资金配置上才能体现出市场竞争机制

的作用。因此,适应市场经济发展的需要,还要进一步把企业的信用高低作为实行差别利率的重要条件。这就要求中国人民银行对差别利率管理要有一定的灵活性,对具体企业贷款利率的决定应成为专业银行的经营决策,而不应由中国人民银行统一规定。

第二,利率浮动的幅度小、范围窄,难以适应市场经济发展对利率差别的要求。目前资金流动渠道增加,流动范围扩大,地区间经济发展程度不同,使资金供求变化、银根松紧都出现了差异,不同地域、不同金融工具的利率也必然出现差别,成为引导资金流动的信号。现行利率管理中的20%浮动幅度难以适应这种变化,所以难以适应上述以企业资信状况为差别利率标准的发展趋势。

(4) 优惠利率面宽量大,失去了贯彻国家产业政策、促进经济结构调整的工具作用

到 1994 年年底,国家规定的优惠利率贷款尚有 28 个种类,贷款余额约占银行贷款总余额的八分之一。在 1995 年取消外贸贷款优惠利率之后,优惠利率贷款总量大幅度下降。但也要看到,不少商品价格已经完全放开,由市场决定,而一些贷款却仍保持优惠利率不变;有的地方把实行优惠利率作为"扶贫"、帮助企业"扭亏增盈"的手段,规定银行对企业贷款不罚息、不加息,并且要求减息或停息挂账,专业银行应收未收利息逐日增加。这些做法扭曲了优惠利率对国家扶植的重点行业、项目进行倾斜,引导资金流向的金融杠杆作用,而向着财政补贴、税收减免的方向演变。优惠贷款利率问题在我国利率政策中十分突出,也是中央银行感到非常棘手的难题。近几年较多地运用了优惠利率政策,结果造成了各方面向中央银行争夺优惠利率的机制,引发了很多矛盾。

所谓优惠利率,就是低于基准贷款利率水平的利率。某些行业、企业、项目、地区都希望进入优惠范围,一些主管部委和主管领导人也都

积极为本地区、本行业争取优惠利率,因为大家都觉得这比向财政要钱容易。这就使中央银行十分为难:究竟谁该享受优惠利率,实际上并没有一个一成不变的客观标准。另外,目前享受优惠贷款利率的借款者,除 13 个行业的基本建设生产单位外,绝大部分是流通领域的商业企业,而前者仅占优惠利率贷款总余额的 12%,这种"优商不优工"的状况与国家产业政策是相悖的。优惠利率不能不搞,但不能多搞。如果优惠利率范围很大,就等于贷款利率总水平下降,也就无所谓优惠了。

关于优惠利率的水平,以覆盖面最大的一年期流动资金贷款利率为例,近几年的实际情况是:1989 年基准年利率为 11.34% 时,优惠利率为 9.5%,优惠贷款使用者就满意了;1990 年基准年利率降至 10.08% 时,享受优惠利率的借款者要求优惠利率降至 9% 就满意了;当 1991 年基准年利率再下降到 9% 时,这些借款者又要求优惠利率降到 8.28%。谁也搞不清这些需要优惠利率的行业或项目的实际可承担的利率水平是多少。而实际情况表明,优惠利率变成相对水平,而非绝对水平。

很明显,在此背后是各方利益的争夺,已经争到手的好处就不愿放弃,而所谓承担不了只是借口而已。按常理说,当基准贷款利率下降时,优惠利率的范围应缩小,一些可承担的行业或企业就不用再优惠了。但我国情况恰恰相反,在利率总水平下降时,要求优惠利率的行业、部门反而增加了,优惠贷款也增加了。这是一种不正常现象,说明优惠利率政策本身有缺陷。我国在决定某一行业、企业享受优惠利率时,并不确定时限。结果,谁挤进优惠的圈子,谁就一再优惠,而且越来越优惠。直到 1995 年 7 月,才取消了部分行业的优惠利率待遇。

优惠利率有两种操作方法:差别利率法和贴息法。我国主要采取差别利率法,而极少采取贴息法。这两种方法的实际经济作用是不一样的。差别利率法发生在贷款发放之时,在借款的经济行为发生之前,贷款的实际效果还不知道,借款者当然是多要贷款,而且难以监督信贷资金使用过程。贴息方法发生在贷款运用过程之后,借款者凭销售额、收购量、出口量或投资完成额等实际效果凭证到银行贴息,由中国人民银行返还一部分原来所付的利息。很显然,贴息方法容易监督资金使用。更为重要的是,贴息方法可以避免借款者利用资金使用的时间差进行套利。我国许多种优惠利率水平极低,借款者获得贷款后进行短、长期金融性投资可谋得高利润,这部分资金往往也是非银行金融机构的资金来源。这种机制又进一步刺激了优惠贷款的需求,使国家遭受损失。因此,优惠利率政策要逐步转向以贴息方法为主,建立贴息基金,按资金使用效果贴息,真正发挥优惠利率政策的调控作用,促进产业结构优化。

(5)利率结构扭曲,套利行为严重,国家通过利率体系进行间接性的宏观调控困难

利率结构分为三个层次:一是中央银行存贷款利率与银行(金融机构)同业借贷利率之间的比例关系;二是银行对客户(企业、个人)的存贷款利率比例;三是银行存贷款利率和国债、企业债及其他证券利率的比例关系。我国现行利率结构是当今世界上最复杂的。各档次存贷款利率(包括各种优惠利率),加上各种债券利率,均由中央银行(或财政部)统一决定,实施管理。

我国目前利率高低的顺序是:国债利率高于同期存款利率,企业债券利率高于国债利率。更为严重的是,绝大部分个人购买的国债、企业债券的利率高于银行同期贷款利率,形成了严重的利率倒挂。这种利率结构越来越不适应社会主义市场经济和金融市场的发展。利率结构的扭曲使套利行为严重,国家遭受损失。

第一,国债利率大幅度高于存贷款利率,这种利率倒挂诱发了套利行为。例如,1990年国债(三年期)年利率为14%,而同期银行三年期

贷款利率为11.52%，银行存款利率为11.88%。结果，个人买不到国债，信托公司和证券公司压着国债不出手，其资金来源都是中央银行贷款或同业拆借，利率更低。对一些企业来说，就是用银行贷款买国债还有2.48%的年收益率，真是无本得利。事后实际情况表明，当二级市场上该国债年收益率降至12%时，个人仍排队购买。这一年国债发行250亿元，三年内中央财政净损失15亿元，近百亿元信贷资金进入国债市场造成的损失更是无法计算。1991年也存在同样状况。这表明，只要机构进入国债市场，使国债成为这些金融机构的一种资产，国债利率就应向中央银行贷款利率和同业拆借利率靠近。由于国债信誉最高，其利率应低于其他金融工具的利率。

第二，银行存贷款利率档次太多，过于复杂。利率档次是客观存在的，但并不意味着每一档次都必须由中国人民银行总行确定。在1988年"治理整顿"期间，利率决定权都收归人行总行，这对整顿金融秩序是必要的，但影响了信贷资金使用效益。从表面上看，现行利率档次有的根据期限确定，还有的根据资金用途确定，也有的根据用款单位性质确定，似乎是一个完整科学的体系。但实际上，利率作为资金的价格，一些在微观层次所反映的条件变化总行是不知道的。例如，同样期限流动资金贷款执行同样的利率，但不同的企业贷款风险程度不同、效益不同，这些条件只有贷款发放者（专业银行基层行）才知道，但它没有利率决定权，也没有浮动权。我国现行利率体系的确定，暗含着一个前提：所有企业（或所有全民企业）均不会破产，风险程度相同，所有信贷资金运用都会严格按照信贷计划执行，按期收回。实际上，上述前提早已不存在，近几年金融市场的发展，国家银行和其他金融机构的灵活经营，企业面对市场而效益差别很大，所有存贷款和金融业务均执行统一的利率，必然使利率作用受到限制。可以说，我国现在大量呆账存在，贷款逾期收不回来，与利率结构僵化有很大关系。

第三,虽然中央银行、专业银行和民间借贷之间不同层次存贷利率已经形成,然而在层次之间尚未形成以中央银行基准利率(再贷款率或再贴现率)为中心,具备利率传导机制的利率体系。进一步说,整个利率体系并未成为对宏观经济进行间接调控的有效工具。改革开放以来,利率体系的演变基本上是围绕着怎样促进企业节约资金、加速资金周转来考虑问题的,其结果必然是使利率体系的效应主要局限于微观经济,而对于调节宏观经济则表现出操作上的不成熟和效应微弱。由于在中央银行利率、专业银行和其他金融机构利率不同层次之间尚未建立、健全规范的利益传导机制,货币政策意图无法通过利率体系的功能得到显示和反映,所以更多的时候表现为行政强制行为,增加了宏观调控的难度。

在我国目前利率机制逐步深化的情况下,银行存贷款利率与各种证券利率的相互关系已经很密切,再也不能单独考虑了。中央银行贷款利率、银行间同业拆借利率、银行存贷款利率和证券利率已经趋向于一个整体的利率体系。这四个层次的利率相互影响又相互制约,对全社会资金总量的流动和分配起着关键性作用。实际上,目前我国沿海发达地区已明显感受到这四个层次利率的相互影响和作用。

2. 对我国利率政策的制度分析

(1)我国利率政策制定的出发点

我国目前的利率是这样决定的:先定出一年期的存款利率,再推算出3个月、6个月的存款利率,最后定出贷款利率的各个档次。我国的利率体系是计划性和封闭性的,除了同业拆借利率和民间借贷利率属于市场利率外,其余都是计划利率,目前还不存在市场均衡利率。

就目前来看,中央银行在确定利率总水平时,主要考虑四个宏观经济因素:社会资金总供求状况、企业成本水平、银行利润、市场价格总水平。其中最主要的因素是市场价格总水平,即把利率水平与物价挂钩(保值储蓄是典型做法)。这是因为在我国各类商品服务价格中,市场定价的份额已超过90%,在这基础上,价格基本反映了商品市场的供求均衡状况和企业的承受力。同时,市场价格对企业、公众的预期心理也起着关键作用,把利率与物价挂钩风险也比较小。首先估计一年内物价变动情况,再确定利率水平。经验数据表明,存款利率水平比同期(一般是一年)价格总水平高出2—3个百分点。确定存款利率后再由一个微小利差来确定贷款利率,可以基本上兼顾到各方利益,加上一定的信贷数量控制和计划分配,可大体保持资金平衡。

我国在制定贷款利率(水平及结构)时,还要考虑国有企业利息承受力、财政收支状况、专业银行的效益以及产业结构调整的要求。国家直接决定存贷款利率,有意识地把利率作为调节国民收入再分配的一种手段。这对于利率本身的宏观调控就有负面作用,削弱了利率引导资金流向有效益部门的作用。

(2)我国的利率决策程序及方法

既然我国不存在市场均衡利率,那么利率是如何确定的呢?我国利率政策的基本特征是由中国人民银行决定利率。最终利率水平是企业、专业银行、财政及中央银行多方博弈的结果,决定权最后在国务院。

中国人民银行调整利率采用的是试错法:先调整再看效果,效果不好再重新调整。从1988年9月开始的三次上调利率、三次下调利率都是采用这种方法。其决策依据很大程度上是"财务算账法"。在利率调整前,先根据几种计算调整幅度测算工业企业、外贸企业、财政、专业银行和个人可能的财务收支变化,基础数据为上述各经济主体的存贷款平均余额、储蓄余额、成本数据、应上缴财政的税率和利润比率等。其价值判断的标准是看这些经济主体收支相抵后的净额是否在可承受范围内。这是一种单纯的"计算调整"。实际上,每次利率调整后,都没有对事前的财务账进行过验证,也无法验证。这次调整了不知下次何时再调整,更不知下次是调高还是调低。每次利率调整后,企业、个人的预期和决策都随之变化,储蓄、库存、商品需求、价格和资金需求等都会发生变化,中央银行不可能估计这些宏观变量中有多少是因为利率调整而引起的。上述"财务算账法"看上去似乎很科学,实际上调整完了利率,账也丢在一边了,下次调整又重算一次。一方面各种因素迫使中国人民银行调整利率,另一方面调整利率的实际效果却常常与预期效果相差甚远。

很显然,利率决策者要参考各种宏观经济变量。但是,在我国,行业、企业间的生产条件很不相同,市场信号失真,专业银行体制中商业性业务与政策性业务的混合,宏观上资金需求旺盛而缺口极大,投资的利率弹性和储蓄利率弹性极不对称。在决定利率时发现,上述宏观经济变量作为利率总水平的函数,不存在稳定的关系,即不具备收敛性,而明显是离散的。尽管中央银行装备有先进的计算机,也运用过各种经济模型,但仍难以计算出一个能兼顾各方利益,又有利于宏观调控的最优利率水平。

问题的关键还在于,在利率非市场化的情况下,利率水平作为货币政策的一部分,事关各方面利益,并非完全由中国人民银行自主决定。每次调整利率必须由各方坐下来协商,意见不一致时由国务院决定。有时利率调整决策很可能与货币政策目标不一致,而是一种博弈的结果。并且,由于这一决策程序过于复杂,时间长,信息泄露程度不均等,有人可事先知道,所以跟不上经济形势的变化,往往决策滞后,不能做到事先预防性调控。

(3)对我国利率政策效果的评价

发挥利率在金融宏观调控中的作用,基本的有两条:一是确定的利率总水平要适当,能反映资金供求关系,调节社会信用资金需求以达到基本平衡;二是利率的调整要及时,反应要灵敏。但由于受现行体制的束缚,运用利率调节经济生活缺乏经验,发挥利率在宏观调控中的作用还面临着不少新问题。

第一,低利率政策使金融总量调控措施事倍功半,利率对资金供求的调控作用失灵。多年来,我国实行的是低利率的政策,若以保值储蓄为代表,也仅是零利率和负利率政策。这就不可能达到调节资金供求基本平衡的目的。因为低存款利率减少银行的资金来源,低贷款利率则刺激着对银行贷款的需求扩大。目前专业银行还承担着部分政策性贷款,贷款更难以相应收缩,银行的资金来源与运用难以平衡。为了使专业银行能保持适当的支付能力,以及要满足政策性贷款需求,中央银行不得不放松对货币供给的控制,增加再贷款。而再贷款利率也相应偏低,尚不足以抑制专业银行等金融机构对再贷款的需求。另一方面,在金融调控中要抑制过度投资需求,又只得更多地依赖行政手段来控制银行贷款规模。货币政策中这种刺激需求的低利率与抑制需求的规模控制,是两种相互矛盾的政策和行为。其结果是,低利率政策抵消了控制需求的金融措施的力量,金融宏观调控事倍功半。

第二,利率调整迟缓,运用不灵活,市场信号作用薄弱。从利率调整看,重要的是要把握时机和幅度。由于市场经济的发展,社会资金供求总量和结构变化已不能完全由国家直接控制,变化较快,影响物价变化也快,利率的调整要灵活。由于物价的变化是一个渐进的积累过程,一般来说呈现加速(减缓)的特征,因此,在决定是否要调整利率及调整幅度时,更需要的是对预期物价变化的趋势和程度作出判断,而不能仅看前期的物价上涨率。从这一点出发,观察月份物价指数的变化和涨落趋势更有利于对预期通货膨胀作出判断,从而使调整利率把握住有利时机。而若以年度物价指数变化来判断预期的物价变化,利率调整就容易丧失时机。如1992年,随着经济发展加快,资金需求大幅增加,物价上涨也加快。虽然这一年度的零售物价指数为5.3%,但零售物价指数月环比呈加速上升态势,1992年10月已超过6%,到1993年4月达11.09%。作为先行物价指标的生产资料价格指标的上升幅度则更大,1992年1月为4.46%,12月达14.28%,1993年4月更高达24.95%。受其影响,1992年下半年,社会公众的通货膨胀预期明显增强,表现为国库券滞销,企业债券利率突破上限。但在就是否需要调高利率制定决策时,却只是看到1992年零售物价指数上涨5.3%,还在计划范围内,没有把物价上涨加快趋势作为决策的更重要依据,失去了调高利率的有效时机,到5月才调高利率。而这在减轻人们的物价上涨预期、抑制需求上,给人以为时过晚和幅度不够的感觉,以致不得不在7月再次调高利率,以稳定金融,抑制物价上涨。但到1993年年底,利率仍然表现为负利率。再往前看,1990年4月调低利率也是由于同样原因而没有把握好时机。1988年8月出现通货膨胀后,9月和1989年两次调高了利率,加上压缩投资规模,物价回落。到1989年下半年,月度的物价指数由年初的27%左右很快回落6%左右,储蓄增长,市场出现疲软,生产开始下滑。但受1989年年度物价指数为17.8%的影响,直到1990年4月才调低利率,影响了降低利率以刺激生产和消费作用的及时发挥。

3. 利率管理体制分析

改革开放以来,我国的利率管理体制由制定者和执行者合一的体制逐步演变为制定者和执行者分离的体制。目前,利率水平和结构的确定及调整由中央银行统一管理,专业银行在一定程度上和范围内享有浮动权。但事实上,这些都是名义上或形式上的权限划分,并未真正落实。真正的利率决策部门或者说整个利率体系的主体是中央政府,而直接经营货币信贷业务的金融机构实际上仅有执行权。其存贷款甚至某项、某笔贷款的具体利率,皆由中国人民银行逐项规定,各专业银行甚至集体所有制的农村信用社必须照章执行。即便在浮动权范围内,专业银行贷款利率的上下浮动及浮动范围的确定,也需要经过地、市人民银行审查批准或备案;农村信用社的浮动利率贷款项目及范围,需经市、县及县以上人民银行批准;等等。需要指出的是,中央银行本身也不完全具有变动利率的权力,它在整个利率体系中的地位主要是贯彻执行国务院的决定,所掌握的只不过是20%的浮动权而已。这种高度集中统一、国家控制型的利率管理体制,所产生的效应是中央银行管理越多、越细,往往越难以管住、管好,实际执行结果经常发生顾此失彼、错位甚至逆反现象。具体表现在:

第一,专业银行采取多种消极对策为自身争取经营利益。如浮动利率一般有上有下,但专业银行只上浮不下浮,上浮到顶甚至超幅度上浮,以增加利息收入,加重、加大罚息范围以增加利息收入;绕开信贷规模,通过资金拆借等方式加入资金的"体外循环",从中获取利差。

第二,银行系统和非银行金融机构通过金融创新等多种手段变相地逃避利率管制,"管制"与"反管制"的矛盾趋向激化。

第三,由于存贷款利率双高限管制,大量资金已经游离于金融系统之外,"资金分流"趋增,资金"黑市"和"灰市"在社会集资热中已经形成,并构成所谓的"脱媒"危机。

因此,现行利率管理体制并未随经济金融体制改革的深化、市场调节比重的日益扩大发生实质性的主体易位,仍然是一种国家控制型的高度集中统一的利率管理体制。虽然引进了市场调节手段,但所占比重不大,这是新旧两种体制在转轨阶段的必然反映,表现为计划利率和市场利率并存的"双轨"利率体系,以及介乎二者之间的多元化、多层次利率体系。这种组合彼此之间缺乏内在联系和联动机制,是一种

"板块"式组合而非有机整体。

在这种"双轨""多元"的利率体系中,整个利率体系不是建立在利率市场化的基础上,资金价格不是由供求关系所决定,而是靠利率管理当局人为地进行调整。因此,难免带有滞后性、强制性,甚至出现政策性失误,结果常常导致调整意图与调整效应之间发生错位、扭曲、逆反现象,并使得管理范围以内的资金价格同无管制的资金价格之间的均衡遭到破坏,同时使"调整"本身也陷入两难境地。

二、利率市场化与专业银行的商业化改革

1. 专业银行的利息收支与盈利性分析

由于存款利率的调高和存贷利差的缩小,我国近几年专业银行经营的利息支出与利息收入的比率大幅度提高(见表4-2),成本上升,利润率急剧下降(见表4-3)。从工、农、建三行的经营成本和效益看,从1987年到1994年,平均利息支出与利息收入的比率由54.6%上升到62.9%,平均利润率则由19.9%下降为0.96%。受存贷差缩小的影响,1990年利息支出与利息收入的比率达68.9%,这一年利润水平也最低,仅相当于1987年的51.4%;1991年存贷款利率差扩大后,利润率稍有回升。1993年5月调整利率,存贷款利差由1.08个百分点缩小到0.18个百分点,7月份调整利率,利差再次缩小为零,专业银行的利润率将会进一步下降,盈利大幅度减少,甚至出现亏损。这将非常不利于银行业的经营发展和向商业银行转换的改革进程。特别是在当前我国的银行系统需要提高资本充足程度的情况下,这样小的存贷利差造成的低利润率会制约专业银行向商业银行的转轨进程,进而也会影响到中央财政。

表4-2　工、农、建行利息收支比率变化(%)

年份	1988	1989	1990	1991	1992	1993	1994
工商银行	59.2	65.6	68.5	63.6	63.7	74.9	60.4
农业银行	52.9	65.1	77.9		35.2	34.7	40.9
建设银行	41.3	57.3	56.3	60.1	65.4	54.0	52.9
平均利息收支比率	54.6	64.3	68.9	65.4	54.8	58.1	62.9

注：利息收支比率＝利息支出/利息收入，由于中行的统计资料包括海外业务，因此未列入。

资料来源：《中国金融年鉴》，1988—1995年。

表4-3　工、农、建行利润率变化情况(%)

年份	1988	1989	1990	1991	1992	1993	1994
工商银行	27.4	24.4	20.3	23.8	21.6	8.2	8.2
农业银行	7.4	4.2	4.0	4.9	1.7	1.8	0.4
建设银行	16.8	11.1	10.7	8.6	4.9	4.3	3.4
平均利润率	19.9	16.9	14.6	16.0	9.4	4.4	0.96

注：利润率＝利润总额/营业收入。

资料来源：同表4-2。

存贷款利差关系不能理顺的重要原因是贷款利率不能随存款利率上调而提高。这里有管理体制的弊端，也有理论上的误解。在管理体制上，企业对主管部门、地方政府是利润承包经营，上缴利润；主管部门、地方政府在财政体制上实行"分灶吃饭"(1994年实行分税制，但所得税主要归地方财政)；专业银行的利润上缴中央财政。贷款利率提高，企业生产费用增加，利润减少，同时也会影响主管部门、地方政府的财政收入。因此，要提高贷款利率面临的阻力很大。在通货膨胀加剧而必须提高存款利率时，主管部门和地方政府、企业也要求少提高贷款利率，以减少专业银行的盈利、减少中央财政收入来相对增加地方、企业的收入。在银行体制上,由于专业银行还不是经营货币商品的企业,保持适当的存贷款利差,银行获取一定的经营利润是有保障的,但银行还没有权力确定贷款利率水平。目前专业银行仍实行利润留成的财务体制,与企业普遍实行的利税分流的财务体制比较,国家与专业银行的利益分配关系没有以税收的形式固定下来,专业银行的经营利益缺乏相对的独立性,存贷款利差变化引起的地方、部门、企业与专业银行、中央财政的利益变化可以通过调整专业银行的利润留成比例来解决。这在相当程度上仍然是"大锅饭"的财务体制。专业银行的利润约束不强,一方面为上述做法的实现提供了途径,另一方面也不利于专业银行在建立自我约束机制、加强经济核算的前提下,对具体信贷利率的微观决策。这也是不计成本的"利率大战"的体制原因之一。

从理论上分析,长期以来,我国银行贷款是国家资金计划分配的一种形式,企业支付贷款利息被作为对其创造利润的分割,成为国家与企业的一种利益分配形式,而不是企业取得资金这一生产要素应支付的费用或成本(虽然在财务处理上作为费用开支)。专业银行在其间没有独立的利益可言。受此影响,贷款利率水平的确定脱离了物价水平和信贷资金的供求关系,并且受制于财政收支和企业盈利的状况。

2. 基本建设贷款按年结息办法存在的问题

结息办法也是利率政策的一个主要方面,与实际利率水平直接相关。在这里,针对建设银行承担基本建设贷款较多的具体情况,分析基本建设贷款按年结息办法所存在的缺陷。

第一,从银行的资产负债来看,存贷款结息办法不合理。目前,银行对定期存款都是按季预提利息,摊入成本,而基本建设贷款实行按年结息,造成银行财务核算困难。

第二,从财税的核算体制看,基本建设贷款按年结息的办法不合理。银行纳税是按季解缴,根据新的会计制度——权责发生制的要求,税金从贷款发生日开始征收,而不是从利息收回时开始,而贷款利息只有到三季度才能收回,造成银行在一、二、四季度用贷款缴税,形成信贷资金的不合理占用。

第三,从商业银行系统内部资金管理体制看,基本建设贷款按年结息不合理。商业银行基层行,尤其是基本建设贷款比重大的基层行,其资金来源有限,由此产生的资金不足只有借用上级行的调剂资金弥补,并实行按季结息。而对贷款项目实行按年结息,基层行在每季对上级行结息时,都是借用临时贷款付息,形成信贷资金的不合理占用。

第四,从中国人民银行再贷款的结息规则来看,基建贷款实行按年结息不合理。商业银行借用人行再贷款,实行按季结息,尤其是国家重点项目经办行占用人行贷款很多,基本建设贷款按年结息,对人行贷款按季结息时没有来源,要么拖欠,要么用信贷资金垫付,造成贷款规模虚增,信贷资金不合理占用。

第五,从整个利率体系的结息规则来看,基本建设贷款按年结息也不合理。存款利息按季预提摊销,流动资金贷款和技术改造贷款均按季结息,唯独基本建设贷款实行按年结息,与整个财务核算体制不符。国外银行的贷款利息都是按月收息,成本核算很及时,基建贷款按年结息也不符合国际惯例。

第六,基本建设贷款按年结息造成基层行负担复利损失。基建贷款按年结息前,必须按季预垫利息,垫付利息的资金大多来自临时借款,按年结息与按季核算的时间差,使垫付资金的借款利息落实艰难,基层行被迫负担这部分利息支出,造成亏损。

第七,从基本建设项目的负担来分析,基建贷款按年结息,将会导致扩大基本建设规模,助长通货膨胀,拖欠基建贷款利息。根据国家有关规定,项目投资概算包含基建贷款建设期的利息。银行不管什么时候结息,项目都有付息来源,只是银行不收息。项目单位占用这一块资金,变相扩大基建规模,或者使概算留有缺口或部分资金不到位,以及拖欠基建贷款利息来弥补缺口或垫付不到位的资金,这一切都有助于扩大固定资产投产规模,助长通货膨胀。而且年底集中付息,一方面因付息资金量大而筹资困难,影响企业的正常资金周转和生产经营活动,另一方面也容易造成结息日之前挪用概算中的付息资金,结息时拖欠基建贷款利息,因为拖欠基建贷款利息不计复利,而借用其他渠道的临时短期贷款要支付复利。

从上述分析可见,改变基建贷款按年结息,实行按季结息,就可以解决以上存在的七个问题,理顺财务核算关系,避免信贷资金不合理占用,有利于银行业务的规范化和简化利率体系,而且也是按照国际惯例,逐步过渡到实行按月结息的重要步骤。因此,基本建设贷款应改按年结息为按季结息。对企业而言,按国家法规要求项目投资概算中包含利息来源,按年一次结息或按季分次结息在资金总量上是一致的,而且按季结息还能避免每年9月21日一次性付息量过大对企业生产经营造成的影响。按季结息有利于监督各种投资资金按时到位,防止投资缺口以及变相扩大基本建设规模。对商业银行而言,收息时间与向中国人民银行结息、向财政缴税时间及与基层行向上级行付息时间等保持一致,不仅是合理的,而且是可行的,可以从根本上解决用大量信贷资金向上级行、中国人民银行垫付借款利息及向财政垫缴利税所造成的信贷资金不合理占用问题,解决因银行用贷款付利息而承担的复利问题,扭转基建贷款利息拖欠严重的局面。微观上有利于银行业务规范化,不论贷款投向什么用途,都以同一规则结息,简化了银行业务的操作,同时有利于业务电子化。宏观上有利于控制固定资产投资规模,控制通货膨胀。

更重要的是,统一贷款结息规则,实行按季结息以后,在简化利率结构、理顺利率关系、完善利率体系、推进利率改革、适应国际惯例方面迈出了重要一步。从 1995 年 9 月 21 日开始，所有的贷款都实行按季结息正是这一改革的成果。今后要给予银行更大的灵活性，由银行与客户根据双方的资金周转和经营情况，协商具体的结息规则，以利于各自加强资金管理。应在适当的时候进一步改革，由银企双方协商确定是按月还是按季结息，是否计算复利。

3. 利率市场化改革对专业银行改革的重要性

利率是资金的价格。这种价格的确定及变动将直接关系到商业银行的盈亏。例如，商业银行按既定利率将贷款发放出去以后，由于市场利率水平提高，减少了放款收入，加大了放款的机会成本，加上筹集资金利率的提高，造成银行以较高利率吸收资金而以低利率发放贷款的风险损失。因此，在我国现行利率体系下，商业银行的利率风险实质上体现为商业银行既定利率与市场的不确定利率之间反映的机会成本的不确定性。

对于一定的业务范围，商业银行必须严格执行中央银行的法定利率。这部分利率普遍偏低，与市场利率相比，此部分贷款机会成本大。因此，在尽可能的范围内，商业银行自身是不愿多发放此种贷款的。对于存款也一样，目前法定的存款利率也偏低，许多银行总是想方设法变相提高存款利率以吸收更多的存款。可浮动利率与同业拆借利率可以说是在一定范围内较自由的、市场化的利率。这部分利率风险，接近市场状态下的利率风险分布。目前银行资金还从各种渠道漏出，非公开地进入资本市场，按 20%—30% 的利率贷出。这部分资金固然收益高，但由于其非公开性及使用渠道没有很好的资信保证，因而也存在着很高的风险。

问题的关键在于，由于现行利率体系的僵化性、固定性特征，商业银行没有贷款方面充分的自主权，不能根据企业信用的差别灵活地掌握差别利率。既然国家规定了贷款利率甚至部分贷款对象,银行据此贷出的款项的风险损失也理所当然地要由国家来承担。所以说,就我国目前的商业银行来说,利率风险在其风险管理体系中并非一个主要风险。但是市场利率的形成是不可避免的,随着金融市场的发展、金融业务的多样化、金融创新的出现以及银行资产的不断多元化,银行的信贷资产实际上越来越多地暴露在利率风险之中。

在利率市场化并且赋予专业银行真正的贷款自主权以后:(1)专业银行将面临硬的预算约束,真正承担起其信贷资产的各种风险,从而有助于其加强资产负债比例管理,控制各种风险;(2)利率会有一定程度的提高,这会有助于改善专业银行的经营状况;(3)利率市场化还将有利于专业银行之间的公平竞争,从而为其经营机制的转换创造出良好的外部环境。

三、利率市场化改革的外部环境研究

1. 对我国利率市场化改革前景的一般分析

具体考察我国宏观经济与金融体系的实际情形,我国利率市场化的时机是否已经成熟了呢?世界各国的实践表明,利率自由化的前提条件很重要:经济环境稳定,即物价稳定、税收、财政状况良好;银行体系内要有充分的谨慎条例和监管措施,实行资本充足率的规则,有最低标准的会计和法律服务设施;商业银行以利润最大化为目标展开竞争。另外,对应于我国的实际情况有以下三个核心的难点问题需要研究:(1)国有企业贷款需求的利率弹性,这里讨论的实际上是利率市场化的微观基础问题;(2)利率双轨制取消后的利率走势,这实际上是讨论利率市场化后的宏观经济稳定性问题;(3)利率市场化与中央银行货币政策,即研究利率市场化对于中央银行灵活实施货币政策的极端重要性。

从上述前提条件看,在我国立即实行完全的利率市场化还不可能。但是,按我国正在进行的改革进程而言,如果能按预定目标实行的话,那么在未来的几年内,我国就可具备利率市场化的条件了。以下结合已经或者正在进行的改革来分析我国利率市场化改革的一般前景,并针对上述三个核心难点问题集中进行分析。

第一,与许多在很高程度金融压抑的情况下开始金融自由化改革的国家相比,我国利率总水平的一般状况还是令人欣慰的。1978年以后的大部分时期,我国的利率平均实际水平有七年正值,只有在一些高通货膨胀时期,实际利率才变为负值,但负值的偏差也不是太大。此外,在通货膨胀时期,央行采取了保值储蓄的方法,减少了通货膨胀对储蓄的负面影响。事实上,对我国利率状况的良好估计是有我国几年来连续的高储蓄率为证的。也就是说,由于利率所引起的扭曲现象,即利率因人为管制而低于竞争性自由市场均衡利率水平的程度,由于我国金融制度方面的原因,并未像有些国家那样严重。因此,我国的实际利率状况并未偏离均衡点太远。对形势的正确估计有利于增加进行利率自由化的信心和采取适当的措施。关于这一点,下一小节还将从分割市场重新均衡的角度深入进行分析。

第二,银行体系内部的监管体系也正在逐步完善之中。1995年通过的《中国人民银行法》《票据法》和《商业银行法》,不但规范了商业银行的行为,而且还从法律上强调了对商业银行的监管。另外,随着外资银行在我国开设代表处和分行的增多,以及我国银行在外国开设分支机构的增多,我国银行面临的挑战和竞争程度也在增加,只有不断调整自己的经营管理方法和策略,加强内部控制制度,才能在开放的市场中获得生存和发展。这对加强我国银行业的竞争性也有一定的作用。

第三,从宏观经济的角度看,我国1994年在金融、投资、财政、税收、外汇等五大领域的改革取得了重大的进展。新成立了三家政策性银行,把专业银行的政策性贷款同商业性贷款相分离,促进了专业银行向国有商业银行的转化。财税体制的改革使我国财政收入稳定增长。外汇体制的改革使汇率成为宏观经济政策中的有效工具。虽然我国在1993—1994年出现了较高的通货膨胀,但1995年的通货膨胀率已得到控制。稳定和宽松的宏观经济环境为利率市场化改革创造了良好的外部环境。

第四,从金融市场方面来看,虽然利率管制使得金融市场容量和市场活跃程度受到了限制,但经过10多年的改革,金融市场毕竟得到了相当程度的发展。就同业拆借市场而言,专业银行、信用社、信托投资公司等金融机构已经成为市场的主体,前几年的乱拆借虽然反映了监管不严、体制不健全等问题,另一方面也说明了金融机构已经知道通过金融市场融通资金余缺了。世界各国放开利率大多从银行间市场开始,同时银行间市场利率也是各国公开市场业务操作中最重要的直接观测目标。就国债市场而言,目前国债发行利率、发行价格与手续费仍然由财政部单方面确定,但是国债二级市场已经形成了市场利率。金融市场的成长为利率市场化创造了条件。另外,金融市场也是政府调控利率、进行公开市场操作的场所。

以上几点说明,我国的利率市场化已经具备了一定的条件,所以应在近几年采取渐进式的利率市场化改革策略。但是,那些认为我国还远远不具备进行利率市场化条件的人们担心,利率市场化会带来利率大幅度上涨,会造成宏观经济的不稳定,会加重本已步履维艰的国有企业的负担。

最后还要强调的是,利率市场化是中央银行货币政策的基础,没有利率市场化,就没有真正联结起企业、银行与财政的关键点,任何间接性的宏观调控措施可能都将难以见效。

2. 对我国利率市场化进程中几个核心难点问题的讨论

(1) 利率市场化与国有企业改革的关系

对这一问题的讨论主要集中在两个方面：一是国有企业作为一个利益主体，在投资决策时能否对利率产生灵敏的反应；二是在我国目前的经济环境下，利率市场化是否有助于资金流向最有效益的投资项目。目前占主导性的结论是，现阶段的国有企业仍然具有"预算软约束"特征，它们的资金需求并不受利率水平的制约，所以利率市场化并不会促进全社会的投资结构优化和投资总量调控。这也就意味着，从国有企业行为角度出发，利率市场化的条件还不具备。

对上述问题的实证分析已作了不少，部分结论确实有利于上述论断，其逻辑推理也部分成立。在前几年的投资扩张过程中，作为投资主体的地方政府和部分国有企业拥有很大决策权，但对投资预期收益和债务却不必负最终责任。这一任地方官或厂长负的债务，以后是谁还债就难说了。一个完整的"债务代际交替"模型可以在这种状况下得以解释。投资可以继承下去，而债务约束在继承过程中越来越弱化。当本金偿还都可以无限展期的情况下，利率约束显然是不存在的。当债权主体是国家银行时问题就更突出。这里所说"部分成立"的依据也就是在此。当债务主体是地方政府和国有企业，而债权主体是国家银行时，双方的贷款约束和利率约束都大大弱化了，所以利率对投资借款的弹性就比较小。此外，相当部分的"国家重点建设""农业贷款""农副产品收购资金贷款"等都是无利率弹性的。但是必须强调，这些情况的存在并不是全盘否定利率市场化的重要依据，利率作为一种成本约束因素在实际经济运行中是必然存在的。

第一，仍有相当部分的投资主体和借款者是关注利率水平的，特别是众多非国有企业，甚至也包括部分国有企业。对这些企业而言，债务约束是硬的,成本(包括利息)约束也是硬的,产品是市场竞争性的,筹资成本的高低直接关系到这些企业的经营效益和盈利水平,也关系到本企业职工和厂长、经理的个人收入。利率市场化有助于这些企业在平等的竞争环境中获得外部融资,也有利于宏观投资结构和资源配置的优化。

第二,利率的非市场化,特别是大量负实际利率的贷款无助于国有企业的改革,反而加大了国有企业对低利率贷款的依赖程度,进一步加大了利率市场化改革的难度。这里可以用"国有企业资金陷阱"的理论,即相当部分国有企业在市场价格体系中经营亏损,产成品积压,为了防止过多失业和工人工资相对水平过低,政府利用国家银行以低利率贷款予以支持;但是在预算软约束体制下,低利率贷款供给并不能根本扭转国有企业的亏损局面,反而会刺激企业更大的贷款需求,以寻求与生产经营无关的"套利"行为,如金融投机等;由此,国有企业作为一个利益集团迫使国家银行给予更多的低利率贷款。另一方面,贷款资金又从这些企业漏出,形成了一个诱发信贷膨胀的"资金陷阱"。由此可见,虽然利率市场化并不能根本性地解决国有企业"负债"软约束问题,但利率过低会刺激信贷资金过度需求,这无疑是不利于经济体制市场化改革的。

第三,国有企业对利率无弹性并不必然构成利率市场化改革的制约。在经济转轨过程之中,利率市场化改革并不必然要放在国有企业改革完成之后。国有企业与国有银行之间的"贷款约束强化"机制可以通过一系列法律约束来强化,我国目前已经通过的《公司法》《中国人民银行法》《经济合同法》《商业银行法》《贷款通则》等肯定会使状况好转。另一方面,利率市场化就如同商品价格市场化一样,并不是去解决企业内部的一些问题,如产权问题、激励机制问题、经营管理问题,它只是给企业在金融市场上的行为,特别是贷出和借入资金的行为,提供一种外在的价格机制。我们不能寄希望于利率市场化可以解决一切问题,但它作为企业改革的外在条件是可以先行的。可以设想,如果商品、生产资料的价格还没有市场化,企业改革又从何谈起?

因此,企业改革并不是利率市场化改革的充要条件,而且我国大量非国有经济存在,实际上许多经济主体已经在接受市场利率。同时,利率市场化有助于资源有效配置。让市场在资源配置中发挥主导性作用,如果没有一个市场利率体系,那么这仅是一句空话。从这个意义上说,利率市场化改革将毫无疑问地有利于国有企业改革。

(2) 取消利率双轨制后的利率波动与宏观经济的稳定性问题

既然我国的金融市场已发展成一定规模,既然我国今天已有这么多的金融机构,如果说现在利率完全能控制住,每个金融机构都在按照法定利率经营业务,那也是不现实的。利率的双轨制早已存在。一轨以国家银行为主,它们在市场上有一定垄断性,分支机构布满全国,特别是起着国内清算银行的作用,能吸收大量低息活期存款和无息结算存款,所以它们比较规范地执行法定利率;另一轨是众多的非银行金融机构和城乡信用社,它们在具体业务上用一些隐蔽方式抬高存贷款利率,也具有一定客户和市场。我们可以把利率双轨制定义为法定利率与黑市利率并存在我国经济转轨中。双轨制是一大特征,只不过现在价格和汇率的双轨制已基本消除,只剩下利率双轨制了。

利率双轨制的弊端是显而易见的,如转手倒借低利率贷款以获取利差,金融业大量的寻租行为和腐败大多来自利率双轨制;大量贷款没有真正用于实业工商部门而流到房地产和证券市场"炒买炒卖",推进了"泡沫经济",黑市货币市场活跃,"炒卖资金"活跃;等等。由此,货币监管当局不得不花很大气力去监管"违规抬高利率"行为,但收效不大。从另一方面看,大量的非银行金融机构目前就是靠利率双轨制才活下来,一些从国家银行得不到贷款而又有能力承受高利率贷款的企业正是从这些金融机构得到贷款,一些顾客和一些企业也愿意存款于这些金融机构而获高利率。

显然,利率并轨是必然的。但有人认为,既然利率全面市场化还无法展开,不如让利率双轨制合法化,即放开非银行金融机构和城乡信用社的利率,让那些黑市利率合法化,谁能承受高利率就去那些金融机构贷款,同时也可不受贷款规模限制。而国家银行这一头,仍实行低的法定利率,贷款也要按信贷计划执行,保证重点资金需求。台湾地区 60 年代也有过类似的实例。在我国现行的利率政策中,也有这样的倾向。例如,现行一年期贷款利率,城市信用社可以国家银行利率为基础上浮 30%,农村信用社可上浮 60%,非银行金融机构可上浮 20%。但是,双轨利率合法化和长期化都是不利于经济改革和发展的,作为一种过渡性安排,只能是短期的;长期利率双轨制,弊大于利。而目前已无法使利率回到计划法定利率上去,因此市场化是唯一出路。

一个重要问题是利率并轨后的利率水平是否会过高。以目前一年期贷款利率为例,官方利率是 12.6%,黑市利率约是 18%,相差很大,所以有人认为,如果利率并轨,则市场利率水平很高,这是目前经济特别是国有企业所难以承受的。这种担心有一定道理,但情况并非一定如此。

第一,目前的黑市利率水平并不代表真正的市场均衡利率。我国现在货币市场是分割的、局部的,黑市利率在不同地区差别很大,海南、广东一带利率可能是 18%,而西南地区可能只有 15%,利率市场化之后,有利于尽快建成全国统一货币市场,市场利率会平均化,并不一定就像目前黑市利率这样高。例如,1996 年 1 月 3 日联网运行的国内统一的同业拆借市场上,从 1 月 3 日到 2 月 15 日,7 天至 4 个月的同业拆借利率一直只在年利率 10.5% 和 11% 之间波动。

第二,目前的黑市利率加进了相当一部分"逃避监管"的成本,如拉存款、拉拆借所付的"关系费",为了汇款而额外加的"手续费",为打通各层监管而付的"好处费",等等。一旦利率市场化,这些中间交易费用就会取消,市场利率水平就会降下来。

第三,一个重要的原因是,目前我国真正用"黑市利率"进行的存贷款,在存贷款总额中的比重很低,这与当年价格双轨制和汇率双轨制是有很大不同的。当时以市场价格交易的商品和以调剂市场汇率交易的外汇,都已占到50%以上的比重,其所占比重相当大,所以并轨后的市场价格和汇率接近双轨制时的市场价格和市场汇率。但目前黑市利率的比重很小,可推断利率并轨后的市场利率不可能接近现在的黑市利率。

(3)利率市场化与中央银行货币政策

在经济转轨时期,中国人民银行主要运用的货币政策工具是信贷规模控制和中央银行贷款吞吐,用这两种手段来控制信贷总量进而调控总需求,利率手段在货币政策体系中的地位不是十分突出,调整存贷款利率水平的频度不大,突出的是1988年和1993年出现明显通货膨胀时,几次调高存贷款利率,起到了一定的效果。

在管制利率的情况下,中国人民银行可以直接决定专业银行对工商企业的贷款利率和各类存款利率。从货币政策角度看,这种直接调控利率水平的方式似乎更有效。此时的利率政策其实就是如何确定利率水平的问题。但是,在国家银行商业性业务和政策性业务相混合的情况下,很难确定出一个既符合货币政策目标,又使各方满意的利率总水平。在这种机制下,中国人民银行(有时是国务院)调整利率水平时必须兼顾各方面利益,主要考虑四个宏观经济变量:社会信贷资金总供求状况、企业成本水平、专业银行利润和中央财政受影响程度,以及市场价格总水平。但是,利率调整对上述四大经济变量的影响作用往往是相互矛盾的,那就需要看哪个问题最突出就解决哪个问题。中国人民银行在实际操作中往往采用试错法,先调整一定幅度再看效果,效果不好再调整。在决定非市场化的利率水平时,各利益主体之间要有一场博弈。

目前最有争论的一个问题是,我国实行利率市场化,是有利还是不利于货币政策,特别是有利还是不利于控制通货膨胀。这是十分现实的问题。一种观点认为,利率放开,完全由市场决定,利率水平会大幅度上升,企业成本加大,有可能推动通货膨胀。利率市场化改革在这个方面的风险特别令人担心,特别是一些国家的经验显示,在利率全面放开后,都有一个时期的汇率、利率和价格的波动。我国的货币政策能否及时调整,适应这种变化,控制住货币供应量波动,还不能完全确定。

实际上,无论利率是否已经市场化,货币政策的风险始终是存在的。在商品价格已经市场化而利率还管制的状况下,货币政策能否有效地控制住价格水平,还必须以很大气力监管金融机构,禁止其自行调高利率,否则货币总量调控手段也难以达到效果。另外,货币政策工具也必须大大依靠行政力量,强行控制,如指令性的信贷计划手段等。这时,货币政策工具不是通过商业银行的利益机制和成本收益机制来实现宏观调控,而主要还是依靠行政命令。总量政策工具依靠行政命令,市场性政策工具没有对应的价格变量(市场利率)作为调控基础。一个最为突出的例子就是,中国人民银行准备推出以国债为工具的公开市场业务操作,通过调节商业银行的超额储备来调控货币供应量,但碰到的矛盾是:在存贷款利率受管制的情况下,商业银行的超额储备数量并不构成对该行盈亏和流动性的约束,可多可少,超额储备可买国债,也可不买国债,如果真是这样,公开市场业务的微观基础就成问题了。特别是,在银行间同业拆借市场(货币市场)利率还没有完全放开的情况下,国债二级市场价格与货币市场利率的相关性不强,没有市场利率信息作为参照物,公开市场业务的效果也会打折扣。在整个货币体系中,利率是一个最重要的变量。在当代宏观经济理论中,利率是联结中央银行(政府)、商业银行与企业的关键点。在西方发达国家,金融市场发展和金融创新已经使货币供应量定义变得模糊,总量中介指标难以确定,货币供应量的货币政策中介指标地位也已让位给基准利率。所以,没有一个能反映资金供应状况的市场利率指标,货币政策是难以实施的。特别是在今后,我国将从贷款限额控制转向货币供应总量调控,没有市场利率信号就更难办。从这个意义上说,利率市场化改革有利于货币政策实施的信念是不容动摇的,问题在于怎么跨出这一步。

四、利率市场化改革的方案与具体步骤

1. 我国利率市场化的顺序

从我国实际情况出发,利率市场化改革应采取渐进的改革方式,还不能一步到位。有种一步到位的思路是:撤销自上而下的利率行政管理手段,取消对一切利率的行政控制,各类金融机构的利率全面放开,各类利率完全由金融机构根据市场需求自行决定,利率随行就市、自由竞价。如果按这样的思路来操作,恐怕难免出现混乱局面。

我国进行利率市场化改革,可遵循以下顺序:

第一步,鉴于1988—1989年和1993年的乱拆借风潮,这一阶段的改革应首先制定银行间同业拆借市场的有关规定,以使其操作标准化、全国一体化。可以成立一个全国银行间的金融交易电子网络,类似路透网络,各金融机构的同业拆借业务均可通过该网络询价交易,但决不能搞电脑撮合成交和集中清算。这样,所有报价信息得以集中反映,交易各方以此成交。在此阶段,这一市场的参与者主要是国有商业银行、其他商业银行、城市合作银行以及非银行金融机构。中国人民银行负

责对市场参与者进行监管和对违规者进行处罚。市场参与者在自担风险的情况下进行交易。由于该市场利率不受管制,就会形成一个真正的全国性的同业拆借市场利率,即货币市场基准利率(1996年1月,这一步改革已经实施)。

货币市场利率放开之后,很快就会形成一个短期市场基准利率。这既有利于我国统一货币市场的形成,也为货币政策的改革提供了基础。实际上,同业拆借利率(货币市场利率)由金融机构之间的交易行为形成,最能反映市场上的资金供求状况,非要规定一个利率上限是违背市场原则的,也根本管不住。

第二步,在货币市场利率放开之后,中央银行可根据货币市场基准利率较频繁地调整商业银行对工商企业的贷款利率,使贷款利率略高于货币市场利率。这时,贷款利率还是受管制的,是由政府(或中国人民银行)统一调整,但它已接近于市场均衡利率。对工商企业而言,资金的机会成本已接近市场化,企业开始承受市场资金成本的压力,企业经营行为对利率变动的敏感性提高。这时,存款利率还是统一管制的。

第三步,调整储蓄存款利率,保持一定水平的正的实际利率。在负利率的情况下,资金价格被扭曲,利率杠杆起不到调节资金供求的作用,也与利率市场化的要求相悖。但考虑到我国目前通货膨胀的潜在压力仍然存在,企业对利息支出的承受能力也还比较差等实际情况,要想一步到位地变负利率为正利率还有些难度,比较可行的办法是逐步调整利率水平。1996年应该积极采取措施,一方面使物价上涨率控制在两位数以内,一方面通过逐步调整利率水平使其接近物价上涨率。

第四步,在货币市场利率放开后,可立即着手国债发行利率的市场化,即用招标或拍卖方式发行国债,国债投资者可依据货币市场利率决定国债的发行利率(或价格)。这样,国债二级市场价格与货币市场利率就衔接上了,国债市场规模会进一步扩大,机构投资者会增多,交易会进一步活跃（1996年1月，财政部已开始采用招标方式发行短期国债）。

目前我国国债的发行和交易都初具规模，随着财政停止向中央银行透、借支，国债发行数量大幅增加，交易量也大幅增长。但国债市场也存在两个突出的问题：一是国债发行利率的制定权过分集中，完全掌握在财政部手中，市场无自发调节的余地，而且目前采取的是高利率政策，国债利率比相同期限的储蓄存款利率要高几个百分点，不仅提高了发行成本，而且也与国际惯例不符；二是国债的期限档次少，而且采用固定利率方式，不能随金融市场利率的变化上下浮动。这两个问题对进一步发展国债市场都是很不利的。特别是当市场利率上浮时，人们就会购买比国债利息更高的金融商品，致使国债无人问津；而当市场利率下浮时，由于国债利率仍维持较高水平，又加重了国家的债息负担。目前，国债的发行方式已经改变，但国债的期限结构和发行利率的制定尚需进一步改革。作为国债发行利率市场化的过渡，目前可以从以下两个方面着手：首先，国债的期限结构应多样化，短期、中期和长期国债应同时兼容。国债种类多，才会与社会资金多种结构的状况相适应，便于投资者进行选择，也有利于把国债作为公开市场操作的工具，使国债的发行和交易同货币供应量的调节有机地联系起来。其次，国债利率采取固定利率与浮动利率相结合的方式，中长期国债由于期限长，往往很难适应金融市场利率变化，宜采取浮动利率方式，使国债利率随金融市场利率的变化及时上浮或下调，这样做不仅能保障投资者的利益，减少国债的成本开支，而且有利于利率市场化的进程。

第五步，取消所有差别优惠利率，用财政贴息方式替代。

第六步，中国人民银行依据货币市场利率主动调整央行再贷款利率，使央行再贷款利率成为货币市场的主导信号，同时取消存款准备金和超额储备的存款利率，让商业银行更加积极地参与货币市场交易，充分利用货币市场调节头寸余缺，并有机会参与国债市场，以持有国债形式调节超额储备。在这一步，央行再贷款利率、货币市场利率、国债二级市场价格已形成一个银行间市场利率体系，为中国人民银行公开市场操作提供了很好的市场环境。

第七步，允许商业银行根据客户的不同信誉在一定幅度内（如30%）浮动贷款利率，而且此时央行只规定一年期贷款基准利率，其他期限贷款利率由商业银行按照一年期贷款基准利率自己套算。在走这一步时必须强调，货币当局在决定一年期贷款利率水平时只能依据货币市场利率，而不能依据其他经济变量或几个政府主管部门协商决策。金融界中有一种观点：建立一个多企业、多行业的样本，收集企业的一些经济、财务指标（如成本、资产结构、利润率、负债结构等），再以此为依据计算一个"合适"利率水平，作为决定贷款利率水平的基准。这种观点是不对的。市场均衡利率只能由供求决定，是无法计算的。"可计算均衡价格"在理论上还有争论，在实践上行不通，具体运用到利率政策上更是走投无路。既然承认利率是市场决定的，就不要再考虑"计算"那一套计划方式。当年兰格要模拟市场价格的设想已经被实践证明是不行的，同样，市场利率水平也无法模拟。

第八步，在允许贷款利率可浮动之后，就可考虑存款利率的浮动幅度，或只规定存款利率上限。因为多种变相采用市场利率的金融工具已经在争夺存款了，不适当地放开存款利率，商业银行承受不了。这样做的好处是：①可以调动商业银行的经营积极性，有利于银行内部经营机制的转化。商业银行有利率浮动权以后，可以依据各自的服务优势开展适当竞争，并根据不同客户的资信状况规定不同的贷款利率，使商业银行有经营自主权。②国家可以控制银行竞争的程度，有利于金融秩序的稳定。在资金供应"大锅饭"体制没有彻底打破以前，规定存款利率上限可以避免金融机构之间的"利率大战"，防止不规范的竞争造成银行资金风险。③有利于产业结构和产品结构调整。银行有了利率浮动权以后，一些效益不好的企业要取得银行贷款就必须承受更高的贷款利息，从而在一定程度上制约了这些企业对贷款的要求，而一些经济效益好的企业却能得到银行的优惠利率贷款，因此获得优先发展的机会。

这一阶段并不一定要等到所有贷款利率都市场化了才开始。因为存款利率面对着整个社会，牵涉面较大，需要有一个宣传适应过程。存款利率的放开应从大额定期存款开始。这些存款一般由企业或机构投资者所持有。这些持有者中的一些人已经受到贷款利率市场化的影响。大额存款越来越受到许多货币市场工具如国债的竞争。所以，"批发性"的存款利率应在较早的阶段放开，然后逐渐放开那些小额的、短期存款的利率。为了防止金融机构争夺存款的恶性竞争，可以规定存款利率的上限，采取经常调整的方式逐步放开。

第九步，利率市场化改革走到这一步，可以说已经基本完成了，全面放开存款、贷款利率已经水到渠成。此时，以央行再贷款利率为主导的市场利率体系已经基本完成。①

2. 现阶段促进利率市场化改革的其他配套措施

利率体系内在功能的释放及其运行效应，要受多种因素的制约；利率体系市场化，也不可能孤军深入、单项突进，而必须在整体战略上强调配套改革，为利率体系作用的正常发挥创造相应的内部条件与外部环境。现阶段，必须切实推进以下几个方面的改革工作：

第一，加快进行国有企业的债务重组与制度创新，硬化国有企业的预算约束。放松利率管制要求经济要有较大的弹性，即货币需求对于

---

① 参见谢平："中国经济转轨中的利率市场化问题"，《财贸经济》1995年第8期。

利率变动要有较灵活的反应,这样才能优化信贷结构和产业结构,抑制过旺的贷款需求。然而,我国的国有企业在预算软约束的情况下,对利率的高低并无反应,只是关心能否借到款。这会使银行的呆账、坏账增加,从而加深银行部门的危机。

第二,推进商业银行制度,健全金融监管。强化商业银行的资产负债比例管理,加强其内部控制制度的建立,培养一批专业金融监管人才,确保银行体系内的有序竞争。

第三,大力发展金融市场,尤其是货币市场。放宽中央银行对货币市场的限制,以便发现资金的市场价格,并以此作为央行进行利率政策操作的参照指标,依据市场资金供求状况灵活进行调整。

第四,中央银行继续坚决控制通货膨胀,以创造一个稳定的宏观经济环境,保障利率市场化改革的顺利进行。同时,要加快银行会计程序的改革,增加银行的透明度,也便于监管法规的顺利执行。

以上几方面改革的进展情况都会影响到利率市场化的进程和速度,反过来,利率市场化改革的进展又会影响到各项改革的推进程度。这是一个相辅相成、互相影响的系统工程,但是现在我们需要做的是抓住时机,有次序、有步骤地坚决实施利率市场化改革。对这一问题应形成共识,任何动摇和踌躇不决都将导致改革有利时机的丧失。

第五章　中国经济制度转轨中的个人储蓄行为

在我国经济改革进程中，原先由国家统包的一系列福利性制度都将改革，这使每个人、每个城市家庭必然增加现期的储备性储蓄。

现有标准的有关个人收入、消费和储蓄的理论，均没有考虑制度性变量，即假定制度（如经济体制、市场制度等）不变。然而，从我国近16年经济体制转轨的过程看，个人的消费行为和储蓄行为出现了一些用传统理论无法解释的现象。本章旨在把一些制度变量纳入对个人储蓄行为的分析，进而说明，在制度变迁的情况下，制度变量也是影响个人预期的重要因素，从而对个人储蓄行为产生重要作用。

一、个人收入与储蓄增长

我国经济改革16年来，个人收入增加很快，这是个人储蓄增加的基础。表5－1给出了我国这段时期个人收入与储蓄增加的基本情况。需要指出的是，此处的储蓄仅指我国居民个人在银行和其他金融机构的储蓄存款，它仅是个人总金融性储蓄的一部分（约占70%），其他个人金融资产还包括手持现金、国债和股票等有价证券。由于现有统计文献对个人储蓄存款的统计比较准确，所以本章以此为主要分析基数，便于与其他统计指标对比分析。个人其他金融性储蓄主要包括手持现金和证券。

表5-1 1978—1995年我国储蓄统计

年份	农村居民家庭人均纯收入（元）	城镇居民家庭人均生活费收入（元）	城乡居民储蓄存款年底余额（亿元）	城乡居民储蓄存款年增加额（亿元）
1978	133.6	316.0	210.6	29.0
1980	191.3	439.4	399.5	118.5
1985	397.6	685.3	1622.6	407.9
1986	423.8	827.9	2237.6	615.0
1987	462.6	916.0	3073.3	835.7
1988	544.9	1119.4	3801.5	728.2
1989	601.5	1260.7	5146.9	1345.4
1990	686.3	1387.3	7034.2	1887.3
1991	708.6	1544.3	9110.3	2076.1
1992	784.0	1826.1	11545.4	2435.1
1993	921.6	2336.5	14763.8	3218.4
1994	1221.0	3179.2	21518.8	6315.3
1995	1577.7	3892.9	29662.3	8126.1

资料来源：《1996中国统计摘要》，第53页。

从宏观统计数字分析，可以发现我国个人储蓄行为在近16年有以下特征：

第一，个人储蓄显著提高。个人当年货币收入的储蓄存款率从1978年的1.8%，上升至1991年的17%，平均储蓄率大幅度提高。如果加上个人手持现金和证券，我国个人储蓄率在1993年约为24.3%。这在人均收入仅300美元的中国是有些不可思议的。

第二，在这16年中，每年个人储蓄存款年增长率均高于GDP和个人货币收入的年增长率。这一现象目前无法解释（见表5-2）。

表 5-2　我国储蓄增长率与其他指标的比较

年份	国内生产总值年增长率(%)	城镇人均年收入年增长率(%)	农村人均年收入年增长率(%)	储蓄存款年增长率(%)
1987	11.6	11.2	9.2	37.3
1988	11.3	17.8	17.8	23.7
1989	4.1	16.4	10.4	35.4
1990	3.8	9.7	14.1	36.7
1991	9.2	12.5	3.2	29.5
1992	14.2	18.6	10.6	29.1
1993	13.5	27.2	17.6	29.3
1994	12.6	36.0	32.5	41.5
1995	10.2	16.2	29.2	37.8

注：除 GDP 年增长率按不变价计算外，个人收入和储蓄的年增长率均按现价计算。

资料来源：《1996 中国统计摘要》，第 8、53 页。

第三，在这 16 年中，平均通货膨胀率为 5.9%，其中有 6 年（1985 年、1988 年、1989 年、1993 年、1994 年、1995 年）通货膨胀率高于 10%，大部分年份的储蓄存款实际利率为负利率，但储蓄存款仍然大幅度增长，可对比表 4-1 和表 5-1 的分析。

目前国内理论界对储蓄大幅度增长的一个通行解释是个人收入统计不准。这种观点认为，储蓄存款增长超过个人收入增长，其原因主要在于大约有相当于可统计收入的 50%—70% 的"非货币收入"或"隐蔽性收入"未统计在个人货币收入之内，如果把这部分货币收入也统计在内，储蓄率就不会这样高了。但这一观点不能成立，按照目前的统计估算，个人收入已占到 GDP 的 66%（1990—1993 年），如果个人收入被大幅度低估，那么我国的 GDP 的数量和增长速度就高到不可思议的地步了。

另一种观点认为储蓄存款中有大量机构存款，即"公款储蓄"，这部分存款不是来自个人收入。这个问题确实存在，但不会很严重。机构（法人）出于提现金方便、逃避财务监管等因素，把一部分资金存入个人储蓄账户。但这样做并不会在收益上有任何增加，因为存款利率是一致的，而且还存在一些法律上的风险。根据中国人民银行的典型调查，机构存款占储蓄总量的比例不会超过10%。

上述两种观点还无法解释，为什么在通货膨胀率高和实际利率如此低的情况下，储蓄还是快速增长。因此，我们必须研究其他原因。

二、制度变迁对个人储蓄行为的影响

我们假设收入、利率、消费习惯对个人储蓄行为的影响依然成立且不变，那么在制度变迁情况下个人储蓄行为会有什么反应呢？

1. 对未来收入的不确定性

制度变迁对个人预期最大的影响在于对未来收入的不确定性。在原来的计划经济体制下，就业者不必担心失业，对于自己在退休前的总收入（包括货币收入与非货币福利收入）和退休后的收入是完全可预先计算的，因为有固定的工资增长表和福利待遇。在这种情况下，由于当期收入较低，所以我国的就业者和农民储蓄很少。从1952年到1977年的25年间，我国个人的平均储蓄率不到2%。在计划经济体制下，当个人收入完全被计划控制之后，不存在对未来收入的不确定性，个人是不倾向于多储蓄的，特别是在消费品比较短缺的情况下，牺牲现期消费而储蓄的机会成本太高。

改革开放以后，我国个人货币收入绝对值虽然有大幅度增加，但以恩格尔系数衡量，我国仍属低收入国家。1993年，我国家庭消费支出中食物性消费支出所占的比重，全国平均为54%，城镇家庭为

50.1%(1981年为56.7%),农村家庭为58%(1978年为67.7%)。①在这么高的恩格尔系数下,人们还有这么高的储蓄率(约24%),显然是牺牲了相当大部分的非食物消费。其主要原因在于,在制度变迁下,人们对未来的收入水平已无法预期,选择了增加当期储蓄。在1995年2月中国人民银行对20个城市城乡居民储蓄问卷调查中,当被问到对未来一两年的收入预期时,有39.7%的人认为收入会增加,49.7%的人认为收入基本不变,10.5%的人认为收入会下降。②

在持久收入假说(permanent income hypothesis)和生命周期假说(life cycle hypothesis)中,人们对未来收入的预期基本是确定的,因此人们可以合理地安排现期储蓄和消费,以达到一生的效用极大化。但是,一旦人们对自己未来的收入水平无法确定,为了保证未来的必要消费或保持未来的消费水平,就必然增加当期储蓄,这也是追求一生效用极大化的一种合理安排。需引起关注的一个假定是,在这种状况下,人们的储蓄动机是,保证将来也能够保持目前这种消费水平,而目前的消费是一种低水平的消费。

2. 为应付制度变迁的预备性储蓄

在我国经济改革进程中,原先由国家统包的一系列福利性制度都将改革,特别是医疗、就业、教育、住房、养老金等项改革措施的陆续出台和有关宣传,使每个人、每个城市家庭对未来的这些制度不能确定,尽管他们知道未来在这些方面由自己支付的比重会增大,但他们无法知道这个比重究竟有多大,支付多少货币,占收入的多大份额。所以,他们必然增加现期的储备性储蓄。

---

① 《中国证券报》1995年5月22日。
② 《金融统计与分析》1995年第15期。

对以上假说的论证可根据以下三项事实：

第一，中国人民银行1991年11月在20个城市进行的储蓄问卷调查中，在"您存款打算做什么"的选择中，19%的储户"为攒孩子教育费"，12%的储户"为养老作准备"，13%的储户"为买房或建房"，三项比重合计达44%。而在1980年以前，人们储蓄动机主要是"为孩子结婚、待购耐用消费品"。这显然显示出人们是以储备性动机为主。

第二，储备性动机促使人们把收入增加部分几乎全部用于储蓄。我国农民家庭人均纯收入，从1978年的133元上升到1993年的921元，增长5.9倍；城镇家庭人均收入，从1978年的316元上升到1993年的2337元，增长6.3倍。但这段时期，城乡个人储蓄总量增长7.1倍。

第三，上述几项制度改革，显然对城市人口的影响要大于对农村人口的影响，因为农村原来这些（教育、就业、住房、养老等）福利就是以自己支付为主的，所以，当上述制度开始改革时，城市人均储蓄增长幅度要远大于农村人均储蓄增长幅度。因为就农村人口而言，他们对上述制度性改革的预期基本是固定的。

另一个引人注意的现象是，我国的渐进式改革使制度变迁的进程十分缓慢，人们在这样一个较长期的过程中一直处于对制度变迁预期的不确定状态，使他们更难以确定制度定型的时期，这就更加大了储备性储蓄的倾向。

3. 制度变迁预期、通货膨胀预期与储蓄

我国经济改革过程中也出现了一定程度的通货膨胀，由此个人必然形成一定的通货膨胀预期。按照标准理论，在高通货膨胀时期，人们的预期通货膨胀率也高，从而当年或后几年的储蓄会减少。但我国的情况却不是这样，高通货膨胀年份也正是储蓄大幅度增长的年份（见表5-2）。解释这一现象的关键是要引入"制度变迁预期"范畴。1985

年、1988年和1994年都是高通货膨胀年份,同时也正是出台或宣传改革举措最多的年份。在这种情况下,人们形成了更强的制度变迁预期,直接影响了人们的储蓄倾向。这一现象在1994年尤为明显。由此,我们可以把体制转轨中的个人储蓄行为描述为如下函数关系公式:

$$S=(T,P,R,Y)$$

上式中,S表示储蓄,T表示制度变迁预期,P表示通货膨胀率,R表示实际利率,Y表示当期收入。需要进一步指出,根据本书的分析,就对个人储蓄行为的影响程度而言,Y>T>P>R。也就是说,就对个人储蓄行为影响程度而言,收入是第一位的,是基础,其次就是制度变迁预期,再次才是通货膨胀和利率等因素。

制度变迁预期是转轨经济分析中的一个重要理论范畴,它不仅可用于个人行为分析,也可用于企业行为和政府推动的情况下。就个人行为而言,制度变迁预期取决于政府关于改革的公告和有关改革举措对个人利益的影响程度,以及个人对这些改革举措成功程度的预期。还要特别强调的是,就个人的储蓄行为而言,尽管人们存在着较强的制度变迁预期,但人们对政府能长时间控制政治、经济局势肯定是有信心的,而且对银行制度也是有信心的,否则就不会有储蓄的大幅度增加。在这一点上,我国与东欧国家正相反。如果人们对政府、金融体制和市场秩序的长期稳定没有信心,或者出现了100%以上的恶性通货膨胀,那样的制度变迁预期就会促使人们采取短期行为,就会出现负储蓄,也就可能导致经济的崩溃。

本节的结论是,在我国经济体制转轨过程中,制度变迁预期对个人储蓄行为起着十分重要的作用,其影响程度要大于通货膨胀和利率对储蓄的影响。由于人们对未来收入的不确定性和经济制度定型的不确定性,人们将当期收入的很大部分用于储蓄,以预备制度变迁所可能引起的消费支出。但是,如果体制转轨在时间跨度上拉得过长,甚至超过一个人能工作的时间长度（如30年），那就有可能对储蓄行为产生负面作用。由于我国目前还没有出现这种情况，这一点结论还有待证明。

三、储蓄存款的利率弹性问题

1. 储蓄存款高速增长的多方面原因并不否定储蓄的利率弹性

这一理论问题对研究我国的个人储蓄很有现实意义。当代金融改革深化理论认为，在金融管制的国家中，利率市场化可以动员更多的储蓄转为投资，从而促进经济增长。而我国的实际情况则有所不同，在经济转轨时期，在金融机构多样化、金融工具不断创新和金融市场大发展的同时，存贷款利率却始终没有放开，没有市场化，仍然由政府全面管制。并且，起主导作用的一年期存款利率在部分年份实际利率为负，但无论是与往年的增加额相比，还是从增长速度对比来看，这几年我国个人储蓄存款增加很快。从1949年到1980年，30年间个人储蓄总余额才达400亿元，平均每年仅增加10亿元。近15年的每年增加额是：1980年增加额突破100亿元，1983年突破200亿元，1986年突破600亿元，1989年突破1000亿元，1991年净增额突破2000亿元，1995年净增额突破8000亿元，基本上是每三年上一个台阶，呈几何级数增加，年均储蓄增长速度远高于国民收入和个人货币收入的增长速度。因此，就有一种看法认为，无论利率水平高低或是否进行市场化，利率水平对我国个人储蓄不会产生很大的影响，即我国的储蓄的利率弹性很低。

笔者认为这种看法是不正确的。储蓄有利率弹性，这一公理是不容否定的。我国经济转轨时期所出现的储蓄利率弹性小的情况，只能说明还有其他因素对储蓄的影响更大，因为储蓄增加不仅仅取决于利率。"储蓄是利率的函数"这一公理是在假设其他因素不变情况下得出的一种理论,并不能因为有其他因素存在而否定利率市场化的必要性。上一节分析的制度性变量就是重要因素,归纳起来,大致有以下几个方面:

第一,个人货币收入的增长。这几年尽管国民经济增长有点曲折,但个人收入年增长率一直在13%以上,大大超过了国民收入年增长率和劳动生产率增长速度,而且储蓄增长速度又是个人收入增长速度的一倍多。中国人民银行经过对储蓄增长和居民收入增长的相关分析发现,两者之间的相关度高达95%。在我国人均GNP只有300美元的情况下,个人储蓄率与储蓄增长速度如此之高,确实罕见。进一步深入分析,有三个因素值得注意:一是国民收入初次分配和再次分配中大量向个人倾斜,个人收入在国民收入最终分配中的比重还在上升;二是非工资性货币收入和非货币收入(实物收入)增长迅速;三是高收入者在有收入人数中的比重提高,这部分人的边际储蓄倾向很高且人均储蓄额很大,若干有关大额储蓄持有者结构的调查证明了这一现象。

第二,个人利息收入占其总收入的比率。在人均储蓄存款较少的情况下,个人利息收入占其总收入的比率很低,在人们的储蓄动机中,对利率的敏感性就很小。1990年,城镇人均储蓄存款只有2200元,农村人均储蓄存款只有277元,利息收入很少。人们一般不大关心利率水平。最近几年,人均储蓄存款额进一步加大,特别是大额储户比重增长,利率水平变动对部分储户预期利息收入有较大的影响。当利息收入在个人总货币收入中占据一定的比例后,人们在一定物价水平下决定现期消费与储蓄的比例时就会更加关注当时的存款利率水平,因为当时的利率水平可决定存款期内的利息收入量。1990年与1991年较高实际利率水平就促使人们多储蓄。1994年年末个人储蓄存款利息收入达到2000亿元,约占当年GDP的4%。利息收入增加又进一步刺激储蓄加快增长,这意味着利率的弹性也越来越大。例如,1995年3、4

月发行的凭证式三年期国债,因其年利率高于同档次储蓄利率1.76个百分点,加上一年后可提前兑付的优惠条件,结果当年3月份全国储蓄几乎零增长,居民个人都认购国债,两个月就认购了900亿元。再如,1996年3月发行的三年期国债,年利率为14.5%(当月消费物价指数与上年同月相比上涨8%),居民个人纷纷抢购,300亿元国债不到一个月就卖空了。

第三,个人金融资产结构单一。目前我国金融市场化程度低,除储蓄存款外,其他可供个人选择的金融资产的种类和数量都很有限,个人多余的货币收入除存入银行外别无出路,这也是近几年储蓄增长的一个重要原因。这种传统计划经济体制下形成的垄断性的储蓄形式,还将维持一个相当长的时期,远不能满足个人金融资产结构多样化的要求。由此看来,我国储蓄分流的进度有必要加快,如多发行股票、债券和其他证券,发展房地产业,扩大专用基金储蓄和保险,等等。

第四,经济转轨导致的个人储备性储蓄需求的增加。近几年,随着深层次改革的推进,以前由国家统包的一系列福利性制度都将改革,特别是医疗、就业、教育、住房、养老金等项改革措施的陆续出台和有关宣传,给每个家庭对未来的预期增加了许多不确定因素,从而每个家庭增加储备性储蓄是一种正常行为,实际上也有防范未来风险的动机。可将此称为"体制改革引起的储备性储蓄的增加"(参见本章第二节分析)。

第五,有部分经营性资金流入储蓄账户。我国储蓄存款统计把个体工商户、部分企业在储蓄所办理的结算性资金也统计在内。在市场经济迅速发展的情况下,我国没有开办个人支票业务,一些个体工商户未开银行支票结算账户,大量的商品交易使用现金支付。一些企业的异地采购业务也需要现金支付。为了减少长途携带大额现金的风险,异地通兑活期储蓄存款和大量旅行支票(可在异地同一银行储蓄所提现金)很受欢迎,这部分资金统计入储蓄存款,且数额增长较快。这是一个与支付制度有关的变量。

2. 利率在商业银行储蓄存款业务竞争中的地位

近几年,在储蓄机构增多和储蓄大幅度增长的同时,各家银行、信用社在储蓄方面的竞争也逐渐展开,竞争的主要手段都是直接或间接地提高利率。如前几年全国不少省市出现的"储蓄大战""利率大战",一些银行用新名目储种变相提高存款利率相互争夺储蓄,程度相当严重。针对"储蓄大战"所引起的无效益的"存款搬运",中国人民银行在1989年7、8月相继作出决定,取消了一些地方开办的"摸奖储蓄""贴水储蓄""存款累进储蓄""银行付息、企业给奖的联办储蓄"等种类的储蓄,并对储蓄的种类、名称、期限、利率都作了规范。

从"储蓄大战"实例可以看出,实际利率是商业银行储蓄存款业务竞争的主要手段。这也证实了储蓄的利率弹性是较大的,同时也说明利率对于稳定储蓄存款具有关键性的作用。这方面还有一个典型的例子就是保值储蓄。

3. 从保值储蓄政策看储蓄的利率弹性

1988年8月18日公布利率上调方案后,全国性的储蓄大量提现和抢购风仍然制止不住,且有加剧之势。8月30日,国务院常务会议决定实行保值储蓄政策。9月4日,中国人民银行公布了《关于开办个人人民币长期保值储蓄存款的公告》,其主要内容如下:

全国各银行、城乡信用社以及邮政储蓄等部门对城乡个人三年期以上定期存款均予以保值。具体保值措施是:中国人民银行规定的现行利率不变,对三年、五年、八年期的储蓄存款,在现行利率的基础上,按照储户所得收益不低于物价上涨幅度的原则,由中国人民银行参照国家统计局公布的零售物价指数,公布全国统一保值贴补率。即三年期储蓄的年利率加上保值贴补率,相当于同期的物价上涨幅度。保值贴补率跟随物价浮动。

保值储蓄政策的推出,对全国储户立即产生了示范效应,特别是最初几个季度到期的存款,收益率很高。例如,1989年一季度到期的三年期存款,年收益率(贴补率加利率)高达25.85%。人们都认为,现在购物不如存款,抢购转变为持币待购,继而又转为存款不购。储蓄大增,物价回落,贴补率迅速下降,形势发生了戏剧性的变化。1990年,年通货膨胀率仅为2.1%,保值贴补率从1990年4月份起一直为零。1991年11月,人民银行宣布取消保值储蓄,公众反应平静。

保值储蓄政策最大的成功之处,就在于正确地决定了"长期保值"(三年以上)而非"短期保值",从而使储户形成了"长期存款能保证货币购买力"的预期心理。这种长期预期的形成对制止通货膨胀十分有利。1989年我国新增储蓄中,有78%是三年期存款,足见这种预期心理范围之广。需要提及的是,1988年年底,我国金融界曾就半年期、一年期存款应否保值争论激烈,不少人提议实行存款的全面保值,后经再三论证,国务院没有采纳这一建议,事后看当时决策十分正确。

保值储蓄具有"自动稳定器"的作用。在我国宏观经济调控体系中,一直没有一种类似西方国家个人收入所得税的"自动稳定器"的机制,即当物价上涨而企业、个人收入增加时,累进税率的税收自动增加,国家财政赤字减少,自动起着抑制通货膨胀和稳定经济的作用。保值储蓄偶然中起到了这种作用。我国个人消费支出约占总需求的60%。当物价上涨时,保值贴补率高,公众储蓄存款大增,消费需求下降,导致通胀率下降,而当保值储蓄到期时,贴补率已经降至零,因为通货膨胀率已经低于年利率。这个循环在三年周期之内,所以国家财政无须支付巨额保值贴补。1989年年初,保值贴补率很高,当时曾计算三年后的保值贴补额支付要用掉三分之一的财政收入,的确让人胆战心惊。

保值储蓄的成功,与当时同步进行的信贷控制、投资压缩、流通领域整顿是分不开的。这说明,除个人收入和消费之外,当时国家采取的一些非常措施对其他经济领域的活动还是控制得住的。否则,物价下不去,贴补率居高不下,国家支付大量贴补,财政入不敷出,必然形成恶性循环。所以,当时毅然推出保值储蓄政策,是承担了相当大的风险的。

但是,1993年7月政府再次恢复保值储蓄政策后,效果却远不如1988年。1994、1995年的高通胀率(15%以上)使贴补率居高不下,加之到期的三年以上储蓄较多(因为是恢复保值储蓄,所以1993年7月以后到期的三年期以上储蓄和三年期国债都要付保值贴补),两年中四家国有商业银行支付了约200亿元保值贴补,财政部也为1995年到期的保值国债支付了约40亿元贴补。更为糟糕的是,有关部门错误地允许以保值国债为标的做国债期货,结果1995年发生了"327"事件,后来国债期货市场终告停市。1996年4月1日,在通货膨胀率降至10%以下后,停止了保值储蓄。

第三篇 金融市场

第六章 中国证券市场的制度性分析

我国的股票市场带有试验性质。股票市场不仅仅是一个改造国有企业经营机制和筹集资金的问题,其本身就是一种制度安排。引入这一制度总是要有风险的。

一、对我国证券市场的制度经济学分析

1. 引入证券市场是制度创新

目前关于证券市场的经典经济学理论主要有如下几类:①托宾和马可维茨的资产选择理论;②威廉·夏普的资本资产价格理论;③M.米勒和莫迪利安尼的公司融资结构理论,即MM定理;④罗斯的套利定价理论;⑤F.布莱克和M.斯科尔斯的期权定价理论。这些理论不仅在金融界,而且在整个经济学界的作用都是非常重要的。

但这些理论总体来讲都是微观理论,都是站在投资者或厂商的角度,解决如何最优组合自己资产的问题。这些理论可与新古典的厂商理论和消费理论相联系,如资本资产价格理论、MM定理等可与厂商理论连接。这些理论中的基本范畴是风险、收益、不确定性等。从另一角度看,证券市场是一种制度。一个国家在没有证券市场的初始状态下引入证券市场,就是一种制度创新。其最大的功能就在于促进资源的有效分配。证券市场是资本、资源配置的最佳形式。

通过证券市场配置资源,还是由国家计委的投资计划分配资源,前者比后者更加有效。特别是股票市场,使资本的标准化、可分性、流动性和交易性达到了顶点,物理意义上的资本被货币化了,具备完全可分性,因而可以充分流动和交易。证券市场同时也是产权制度的一个重要组成部分。证券市场的资源配置成本是最低的,实际上也就降低了产权的交易成本,因此世界各国都采用这种方式。它也符合产权明确化法则,1台机器由100个人所有,并要求他们之间的产权很明确,计划分配投资体制做不到这点,但股票市场可以做到。在证券市场上,信息的透明度和传播速度是其他市场无法替代的。还有一点,股票市场为企业经理人员的业绩评价创造了条件,即经理激励机制。由于证券市场能最终达到资本最优配置,且资本的交换和转移通过兼并、收购和控股等方式进行,成本最低。证券市场作为一种制度,在我国很有存在的必要。

2. 现阶段我国股票市场的制度性分析

从1991年年初上海证券交易所和深圳证券交易所成立到1996年6月,我国的股票市场已初具规模,有关的统计数据这里不必复述,而且也不影响下文分析。从上市公司数量、市值总量、交易规模、交易方式、技术现代化程度和交易所体制看,我国股票市场可以说具备了现代股票市场的基本要素。但是,如果把股票市场作为一种制度来看,却依然存在许多缺陷。

(1)股票市场的产权制度基础还没确立

实际上这就是股权基础和股权结构问题,也是股票市场的基本问题。目前我国上市公司的股权结构中包括国家股、法人股和个人股。为什么会有这种情况?我国在发展股票市场初期,含有这样一种想法:希望找到一种符合公有制体制的股票市场。西方国家也有国家股和个人股,但大的方面来说只有普通股和优先股两种,而且国家股的产权也很明确,最终其股权后面都有具体代表人。股权的人格化是股票市场的基础。上市公司基本行为不规范等问题都与这个基本问题有关。当时设计公司股权结构时有个条件,即国家必须控股,这是为了保持公有制。但后来个人股东认识到其中的问题,他们持股比例太少,而公有股按面值折股,个人股东的溢价被国有股和法人股占有了。刚开始,股票供求矛盾突出,掩盖了这个问题,后来股市低迷了,则突出了这个难题,目前看来不易解决。有人认为股份制会把公有制和私有制的概念模糊起来,大家都不说公有化或私有化,而都说股份制,现在看来不是那样简单。目前几家个人股东占绝大比例的公司,股东最后能推翻董事会决议。我国股票市场的这种问题是基本产权问题,公司尽管上市了,但其产权问题仍没有解决,国家股、法人股同地方财政局、上级主管部门、国有资产管理局和政府间的利益关系仍不明晰。

(2)股票发行规模控制

像我国这样事前由政府确定一个一定时期的股票发行规模,并对发行规模实行行政分配制度,从世界范围来看是比较独特的。由此派生出来的问题有:

第一,平均分配问题。如果某省得到2亿元的股票发行规模,再分配给本省若干个企业,例如某企业分到3000万股发行规模。这样的"撒胡椒面"机制使上市公司都成了"部分上市公司",即只有少部分股权是可交易的,就如同一个企业上市了1.3个车间,结果我国上市公司不少,但可交易股票数量不多。

第二,股票发行规模资金化。如某企业在《招股书》中所说,因为有个新项目要上马,且预期市场效益很好,但目前没有资金,争取到3000万股票发行规模,可以筹集3亿元资金。这成了很充分的索要发行规模的理由,而且先要到发行规模,能上项目了,企业才开始股份制改造，上市顺序完全混乱了。更为严重的是，在股票发行规模控制下，发行股票的溢价部分成了发行规模的价格，争取到股票发行规模就等于争取到一笔无偿资金，使股票发行成了一场争夺资金的游戏。这是一种完全扭曲的股票发行机制。

第三，股票发行规模引起信息误导。事前确定的股票发行规模给市场一个信息：某段时期股票的供应总量是多少亿。这种信息会对股票二级市场价格产生巨大影响，并且是可计算的信息。这种信息本来是不应该有的，因此是属于干扰性信息。

第四，股票发行规模控制派生出不正之风、腐败行为、股票发行价格过高等问题。

3. 证券交易所体制问题

我国的证券交易所（上海证券交易所和深圳证券交易所）在技术上是非常现代化的，但在体制上仍有若干缺陷。

第一，交易所的地方化收益。我国的两个证券交易所对当地政府来讲，直接的好处是为地方上缴股票交易税，间接的好处还有吸引资金、增加就业、扩大第三产业发展等。因此，各地政府都积极组建类似机构。目前除沪深两个交易所外，全国其他城市还有 26 个证券交易中心或准交易所，由于这些证券交易场所无法交易上市股票，就从事一些不规范的证券交易活动，如证券回购，结果造成不小的市场风险。

第二，地方政府对证券交易所的干预。国外很少有这种情况，通常交易所与所在地方政府无关。我国的上海和深圳的证券交易所是全国的交易所，而在实际操作中，两地政府都不同程度地干预本地证券交易所的人员任免和业务活动，这样的体制从某种角度看反映了我国股票市场制度的扭曲。

4. 新闻制度与股票市场的关系

新闻舆论监督机制是股票市场健康运行所不可或缺的。如果新闻界不能及时和必要地揭露与股票市场相关的内幕活动、腐败行为、欺诈行为和各种弊端的话，这个股票市场的监督机制就是不完善的。我国当前对股市的报道是受严格限制的，报纸上对证券商、证监会、交易所的负面报道甚少。其实新闻监督是股市不可分割的部分。国外大部分股市问题都是新闻界发现并公之于众的。如果许多消息谁也不知道，谣言就越来越多，对股市的负面作用也就越来越大。

5. 法制建设滞后

这个问题是老生常谈了，这里不用多说。需要分析的是，为什么在股票市场已正式建立五年之后，还没有证券法？基本原因是相关部门的利益均衡点还没有达到，所以就争论不休。没有基本法（证券法）和政出多门是我国股票市场最大的制度性问题。现在我国政府中与股票市场监管有关的部门是：国务院证券委、财政部、中国人民银行、国家计委、国家外汇管理局、国家工商行政管理局、体改委、审计署、证监会、税务总局和省政府。一部证券法要把这么多部门的监管职能予以定位，立法过程肯定是一场"多方博弈"，求解难度必然很大。

二、我国证券市场的金融风险及其对策

1. 对我国证券市场风险的一般分析

证券市场是一种企业直接融资制度，与以银行为中介的间接融资相比，其风险的程度和表现方式是不相同的。在我国大银行垄断存贷

款市场的格局下,银行存款者几乎是没有风险的,企业的贷款违约风险全部由银行承担了。由于每年存款增量很大,这些风险也不足以危及银行体系。我国的证券市场却不同,从近五年的实际看,其风险主要体现在以下几个方面。

(1)股票市场的风险

以上海证券交易所和深圳证券交易所为中心的我国股票交易市场,目前的交易风险是很小的。这两个交易所采用了世界最先进的设备,在信息公布以及股票的上市、交易、托管和清算等方面都十分安全,在技术方面可以说是没有漏洞。但是在技术方面的完善并不能替代制度的完善,一些风险还是显而易见的。

第一,透支交易。尽管现行法规禁止信用交易,但证券商为了增加交易量以多收手续费,仍然鼓励投资者进行信用交易。而一旦股价下跌,投资者无钱还贷时,证券商又强制卖出投资者的股票,产生大量纠纷,扰乱了交易秩序。

第二,政策冲击。我国的股票市场目前还处于政策敏感期,政策在某种程度上的随机性成了市场风险因素。如税收、上市额度、配股、上市公司兼并等方面的政策一直处于不稳定状况。有关政策信息并没有包含在股票价格之内,这些政策的随机性总是事后的影响因素,进而也就大大降低了股票市场的效率。

第三,操纵市场和内幕交易。特别是一些证券商(证券公司和非银行金融机构)与上市公司联手,利用重大信息公布的时间差和交易技术上的便利,人为造市,恶炒个股,刺激股价大幅度波动,从中渔利,损害一般小投资者的利益。所以,在近一两年,一些小投资者和散户已逐渐撤出股票市场。

第四,证券登记结算机构经营风险资产。一些省的证券登记结算公司从事违规资金拆借、证券回购业务等,到期收不回资金,造成很大风险。

(2)企业债券市场的风险

我国近五年大约发行了1500亿元企业债券。企业债券分两类：一类是全国性的国家重点企业债券,在全国发行。这些企业信誉较高,且有中央级大公司担保,目前还没有到期无法兑付的情况发生。另一类是地方企业债券,1995年年底和1996年年初已有相当部分到期兑付不了,有较大风险。地方企业债券的风险主要来自发行债券企业效益不好,并且地方政府和企业在发行债券时只注重为项目融资,不注重还债,发行债券审批过于随意,信息告知不完全,没有使投资者充分了解债券的风险。我国目前还未建立起全国性的企业债券评级制度。地方企业债券风险问题在1995年年底和1996年年初才暴露出来,因为这些债券大部分是在1993年发行的,当时经济过热,投资膨胀,许多企业发行债券筹资上项目,但后来市场情况发生变化,使这些债券部分成为风险债券。这一问题的出现也说明我国目前企业债券制度的不完善。

(3)国债市场的风险

国债按理说是无风险债券,但在我国却发生了意想不到的事情。我国国债市场的风险并不是来自国债本身,不是来自国债现货市场,而是来自国债的派生物,或者说来自国债衍生产品市场。

第一,国债期货市场的被迫关闭。我国国债期货市场开放不久即告停市,并付出了沉重的代价,大约有20多家机构投资者发生巨额亏损,并且最后以强制平仓为结局。这主要有三方面的教训:一是作为期货标的物的国债是指数化收益国债(即按通货膨胀率计算保值补贴率),国债到期时的收益率事先不确定;二是交易所风险控制不严,使期货交易量远远大于国债实物量,期货合约到期时交割不了,造成多方逼空方,期货价格失控;三是技术保障不够,使违规者有机可乘。从整体上看,主要原因是我国的金融制度还不具备发展金融期货市场的条件,如利率还没有市场化、金融监管不健全等。

第二,国债代保管单出现兑付风险。最近几年,我国的一些金融机构利用国债的信誉向投资者发行国债代保管单或其他类似凭证,而实际筹集的资金并没有真正买国债,而是用于房地产投资、证券回购和贷款,国债代保管单演变成为存款凭证,结果到期时兑付不了。而到目前为止仍没有统一的国债托管制度,国债凭证多元化情况时有发生,特别是这些国债凭证进入担保、抵押、回购市场,结果造成兑付风险,影响了国债的声誉。1996年4月,我国建立了中央国债登记结算公司,但国债分散托管的局面还在继续。

第三,国债回购市场风险巨大。1993年开始,除上海证券交易所和深圳证券交易所之外,在几个地方性证券交易中心开始了国债回购交易,交易量相当大。遗憾的是,这几个交易中心的国债回购交易,有真正实物券抵押的只有25%左右,大量交易是买空卖空,而且交易方式又采用集中报价、电脑撮合成交、集中清算的方式。国债回购市场实际上变成了信用资金拆借市场,因为以回购价格表现的市场利率非常高,吸引了大量风险投资者。更加危险的是,这些会员制的交易中心对入市者审查不严,让一些非金融机构的冒险者(以企业名义)进入市场。1995年8月,有几位冒险者从市场中套取巨额资金逃之夭夭,爆发了支付危机。事后发现,有许多机构从这几个国债回购市场套取资金投资于股票和房地产,到期根本偿还不了所欠的巨额债务,一旦交易链条中断,留下的会是几百亿元到期不能偿还的证券回购债务。

上述仅仅是对我国证券市场已经出现的风险所作的一个十分简要的表述,而且没有涉及其他敏感问题。下面还要对我国证券市场风险作一些理论分析。

2. 我国目前的证券市场具有较大的制度性风险

我国的股票市场带有试验性质。股票市场不仅仅是一个改造国有企业经营机制和筹集资金的问题,其本身就是一种制度安排。引入这一制度总是要有风险的。目前看来,股票市场与公有企业制度的结合可能带来更大的风险。

(1)公有制的上市公司

第一,股票市场对上市公司的治理结构不会产生激励作用。我国现在300多家上市公司中,除3家之外,上市公司可交易股票只占总股权的23%左右。也就是说,有77%的国家股和法人股是不可上市交易的,上市公司都由国家控股。由此,股票交易对股权结构不会产生影响,有的董事会不理会股民的意见,分红配股方案只是有利于多筹资,有损小股东的利益。在这种状况下,公司股票上市并不会给公司带来改善管理的压力,投资者的监督机制是无作用的。所以,投资者也就不是以公司业绩作为投资决策基础,股票价格与公司业绩是脱节的。当一个股票市场的价格水平与上市公司业绩无内在联系时,这个股票市场的风险会增大。

第二,由于占股权绝大比重的国家股是不可交易的,上市公司总市场价格只能根据少量可交易股票的市场价格套算,这时公司总价格只能是账面价格,并不能真正表示该公司的市场总价格。这种价格"失真"也必然影响整个股票市场的价格信息的真实性。

第三,由于股票市场并不能解决上市国有企业的预算软约束问题,以这些公司为基础的股票市场也就必然隐藏着很大的风险。在我国,有的上市公司账务不清,不及时披露信息,违规买卖本公司股票的事情时有发生。这一方面说明股票市场约束不了上市公司的行为,另一方面也说明有的上市公司在利用股票市场套取资金,即人们所说的"圈钱"。

(2)证券市场与政府行为

以国家控股为基础的证券市场的另一大制度性特点,就是政府要过多地干预证券市场事务,并由此承担了很大风险。从我国证券市场发展的五年历史看,几乎每一件与此有关的事情都是由政府来作决定,例如股票发行额度的确定与分配、上市公司的确定和审查、股票发行方式、上市公司的人事任免、企业债券发行数量、发行债券企业的确定和审批、债券利率、上市公司的分配方案等等。由此,从投资者的角度来看,上市公司的业绩,股票价格的高低,企业债券的风险,都是政府可以决定的。在这种情况下,证券市场上可能出现的系统性风险都被认为是政府行为的结果,政府在许多场合不得不承担了本应由投资者承担的风险。

比较典型的例子有:当股票价格下跌时,投资者抱怨政府安排上市公司股票过多,要求政府救市;当企业债券兑付不了时,投资者说这些债券发行都是政府批准的,找政府要求兑付;当上市公司分红配股方案不合适或公司业绩不好时,投资者也要找政府,因为这个公司是国家控股的。

另一方面,由于各级政府和行政主管部门过多地介入证券市场事务,也容易发生腐败现象,引起投资者的不满。

3. 证券机构风险及其对金融体系的影响

证券市场可能引起的社会性金融风险不会来自交易所的技术系统,也不会来自股票价格的波动和投机,而主要来自证券商(证券公司和一些非银行金融机构,下称证券机构)的支付风险。我国目前的证券机构正隐藏着这种风险。

我国现在有96家证券公司和393家信托投资公司可以从事证券

业务,在证券市场中发挥着证券商的作用。这些证券机构的股权结构都是以法人股为基础的股份公司。现在存在的风险问题主要有:

第一,资本金少,规模小,抵御风险的能力差。资本金在10亿元以上的证券机构不到15家,资产规模达100亿元以上的不到10家,大部分是小公司。更为严重的是,这些公司的资本充足率能达到8%标准的不到三分之一。

第二,违规经营普遍,风险资产数量巨大。由于证券业务量有限,所以大多数证券机构都不同程度地从事银行业务。在负债业务方面,除了股票投资的交易保证金和资本金之外,这些机构大量拆入资金或变相吸收公司存款;与此相对应的资产业务方面,证券机构从事大量自营股票交易、房地产投资、商品期货交易、证券回购买卖和实业投资。许多证券机构几乎成了"金融百货公司",而真正的证券经纪业务只占很小比例。证券机构在前几年的过热经济中大显身手,现在不少却面临亏损,流动性不足,有的甚至挪用客户保证金,做假账,隐瞒亏损。可以想象,一旦股票投资者和存款者需要兑付现金,风险就会暴露出来,由此而引起的支付性风险会危及整个金融体系。这也正是现在中央银行所担心的问题。在前几年,这些证券机构成了把货币市场资金引入证券市场和房地产市场的中介,而银行投资者和存款者是主要的资金供应者。现在经济过热现象逐渐消退,风险却越来越大。

第三,证券机构普遍存在"内部人控制",内外部的风险监控薄弱。由于这些证券机构的股东全部是公有企事业法人,股东对证券机构的监管动机不足。加上许多证券机构以向股东贷款的方式返还了股本金,从而等于"买回"了完全经营权和控制权。这些证券机构的内部治理结构基本上是经理垄断权,风险极为不对称。证券机构的负债风险和破产风险是由股东承担,而股东却毫无监督动机,其收益却由经理人员获得,所以经理人员敢于经营高风险资产。

4. 防范证券市场风险的对策

从以上的分析中可以看出，我国证券市场中的风险，既有与市场经济国家相同之处，也有许多不同之处。因此，防范风险的对策也应是多方面的。

健全的法律是防范证券市场风险的基础，而我国现在还没有一部证券法，所以证券法规建设是当务之急。从我国的实际情况看，加强对证券机构的监管是防范证券市场风险的关键环节，这项工作目前是由中央银行承担的。监管的重点是证券机构的资本充足率和风险资产的比例控制，以及严格的财务制度和内部风险控制措施。要严格按照《商业银行法》的规定，实行银行业和证券业的分业经营和分业管理。证券机构不能经营商业银行业务，不能经营房地产业务和实业投资业务，要严格控制证券机构自营股票交易的比例。

关于股票市场的风险防范，重点是信息的充分披露，这在我国目前的新闻制度下尤为重要。内幕交易、上市公司的不轨行为、政策的透明度、证券机构的不轨行为，都要适当依靠舆论监管制度，才能保证股票市场的公平运行。

执法意识不强，处罚力度不够，是当前我国证券市场监管中的另一大问题。一方面法规不健全，另一方面现有法规又得不到认真执行。这里的关键是对上市公司、发行债券企业、证券商、证券中介机构的违规行为处罚不严，各种保护力量太强。因此，政府监管部门、中央银行、证券市场自律性组织和法院，一定要严惩证券市场中的违规者。1995年，根据报刊公开的统计，对证券市场、期货市场中违规证券机构和上市公司的查处案件仅24起，这显然不够。我相信，只有严格执法，加大处罚，才能维护证券市场秩序，增强投资者信心，防范各种风险。

第七章 中国外汇体制选择

人民币汇率并轨,是 1994 年我国外汇体制改革的最大突破。

从 1994 年 1 月开始,我国外汇管理体制进行了重大改革,其主要内容有:实现了人民币汇率并轨和实行管理浮动的市场汇率制度;实行银行结售汇制;建立银行间外汇交易市场;禁止外汇在境内计价、结算和流通;等等。新体制运行了两年半,受到国内外经济界的一致好评,被认为是相当成功的。具体表现为:人民币汇率稳中有升,市场上形成了稳定的汇率预期;国家外汇储备大幅度增加,从 1994 年年初的 212 亿美元增加到 1996 年 3 月底的 808 亿美元;进出口和外商投资较大幅度上升;企业已基本适应银行结售汇制,外贸结算和进口用汇比以前更为方便;统一的全国性外汇市场已基本建立;以外汇收付监督、国际收支统计、外债登记和资本项目用汇审批为基础的外汇监管体系正逐步完善;各项外汇法规经过清理和归并正陆续公布,增加了透明度。在上述成功改革的基础上,1996 年 6 月,中国人民银行再次宣布:从 1996 年 7 月起,境内外商投资企业实行银行结售汇体制;取消个人在经常项目下的汇兑限制,1996 年年底前实行人民币在经常项目下的可兑换,提前达到国际货币基金组织第八条款的要求。这次外汇管理体制改革可以说是一次成功的政府安排的制度变革,从方案设计、时机选择和具体部署都体现了政府的用意。同时,国内外学术界和经济界也对此进行了广泛的讨论。本章仅对这一轮新的外汇体制改革中出现的一些问题,进行初步的理论探讨。

一、我国外汇体制改革的时机和条件

我国的外汇体制改革始终是国内外改革理论文献中的一个热门课题,其时间之长,程序之复杂,法规之多,可属世界之冠。由此具有理论分析价值的问题很多。

1. 实行银行结售汇制是否有先决条件

在公认这次外汇体制改革成功之时,伴随而来的问题是:同样的改革举措能否在 10 年以前就推出,例如银行结售汇体制,汇率并轨,取消外汇兑换券,取消外汇额度制,等等。以下先分析银行结售汇体制问题。

在这次外汇体制改革方案讨论初时,争论最激烈的问题就是:在原来现汇制基础上扩大现汇留成逐步走向人民币可兑换,还是先退到强制结售汇体制并不许中资企业保留现汇账户。方案采纳了后者,事后证明是正确的。进而推论,如果 10 年以前就实行结售汇体制是否也可以。从这两年的实际情况看,回答是:完全可以。也就是说,实行现汇制或结售汇制,可以人为进行制度选择,不存在客观充要条件。由此看来,从 1980 年到 1993 年的 13 年间,我国外汇体制改革走了很长一段弯路。有人认为,1994 年实行结售汇制是以前现汇制(和现汇留成制)改革的继续,两者有内在联系。我的看法恰恰相反,结售汇制是对以前现汇制的否定,如果顺着现汇制走下去,就可以尝试意愿结汇制下的经常项目可兑换,而不必实行强制结汇。当然,我并不认为强制结汇是经常项目可兑换的一个必然阶段,也许现汇制也可以走得通。两种体制的选择都不需要客观充要条件,只需要当事人的"集体一致性"。哪种体制容易达到"集体一致性",就说明这种体制的改革成本低,就应该选择这种体制,其他所谓的"客观条件"只不过是当事人谈判时的借口。例如,在讨论实行结售汇制初时,我国外贸部门就不大同意,理由是结售汇制会使外贸部门用汇不方便,进而影响外贸。实际上他们是担心结售汇制会损害他们在现汇制下已具有的利益。事后证明这一理由根本不成立。

2. 取消外汇额度和外汇计划也不需要条件

外汇额度、汇率双轨和外汇计划分配可以说是我国1994年以前外汇体制的主要特征,在这次改革中一并取消了。旧体制所形成的当事人的利益刚性之所以能被打破,而达到新体制的"集体一致性",并不是什么"客观条件具备",而是取决于改革者的谈判强度以及当事人对新体制的利益预期。实际上,外汇额度和外汇计划本身就不是客观存在的,而是人为设置的。因此,取消外汇额度和外汇计划也不需要什么"客观条件"。有时候,改革过程和文件起草显得很复杂,要开很多会和无穷无尽地讨论。实际上这里有两种"复杂":一是这项改革所要求的技术方面的复杂,如账户设计、计算公式和防范措施等等;二是利益协调的复杂性,即谈判的难度,因为体制改革总是利益的重新调整,当事人肯定要讨价还价,所以这个过程就比较复杂,不免有些当事人要"顾大局",损失一部分利益。在取消外汇额度、汇率双轨和外汇计划中,这样的例子比比皆是。

3. 政府承诺和公众信心

在外汇体制改革中,政府承诺起了很重要的作用。例如,在实行结售汇制时,政府承诺的售汇条件起了很大作用;在实行汇率并轨时,政府对稳定汇率的承诺作用也很大。国际经验表明,一部分国家推行货币可兑换的改革是在经济十分困难的条件下进行的。例如,波兰在1990年1月实行货币可兑换改革时经济状况十分差:外汇储备几乎为零;外债高达400亿美元,人均外债1000美元以上;通货膨胀率很高,人民对兹罗提缺乏信心。在这种情况下,波兰政府宣布实行币制改革,使兹罗提钉住硬通货,并承诺可随时兑换外币,结果人们恢复了对本币的信心,没有发生担忧之中的外汇挤兑。过去对本币缺乏信心,导致盲目抢购和囤积实物,助长了高速通货膨胀;恢复对本币的信心,改变了这种行为,使高速通货膨胀也得到了抑制。这种经验表明,政府的承诺会改变公众的行为规则;而实行货币可兑换必须有充足的外汇储备的看法是简单化的。

现代经济理论非常重视研究承诺的作用。契约、合同、法律、政府条例都是承诺的表现形式,履行承诺,违者必究,保证各种活动的规则。政府承诺可以把经济活动的行为边界修整到某种程度,使越过边界的行为是偶然的,并且必须给予处罚。政府可以通过法律和规则的形式确立新的规则,并维护政府新作的承诺。①

二、人民币汇率制度的选择

人民币汇率并轨,是1994年我国外汇体制改革的最大突破。记得当时讨论人民币汇率可否并轨时,反对者居多数,并列出一大堆理由,当硬性规定1994年1月1日必须并轨时,反对意见都消失了。结果人民币汇率并轨特别成功。这一事例再次说明,汇率制度的选择也没有什么先决条件。不论是价格要理顺,宏观经济要稳定,还是要有充足的

---

① 参见周小川、谢平等:"人民币走向可兑换",《改革》1993年第6期。

外汇储备等,都不是汇率并轨的充要条件。1994年人民币汇率并轨时,我国宏观经济并不很稳定,外汇储备也不多,反倒是汇率并轨后外汇储备大幅度增加。由此看来,只要实行市场汇率制度,任何时候都可以汇率并轨。

现在人民币汇率就其实质而言已经是市场汇率,汇率水平主要取决于中国境内外供求状况和国内货币政策,行政性干预已不起作用。有人认为现在人民币汇率水平过低(过度贬值),而且波动幅度小,具有较多的行政干预痕迹。对此我有不同的看法。

先说汇率水平。人民币汇率并轨的第一天,汇率水平是1美元兑换8.7元人民币。这一市场汇率水平不是拍脑袋想出来的,也不是行政决定的,而是以市场为基础决定的。实际上,1993年我国外汇调剂市场的加权平均价格水平就是1美元等于8.7元人民币左右,而且当年我国进出口贸易、外商投资的计价和交易结算中,有80%是以外汇调剂市场价格为基准的,人民币市场汇率以此作为起始点,实际上是承认了市场均衡汇率,是遵照市场准则的选择。以前的人民币官方汇率,是以两种定值理论模式为基础的:一种是出口商品平均换汇成本的定值理论模式;另一种是钉住"一篮子"货币的定值模式,或两种兼有之。但无论如何,这都是"计算出的汇率"。这次人民币汇率并轨,以原外汇调剂市场价格为基准,不仅仅是一个汇率水平高低的问题,而实质上是汇率形成机制的深刻改变。它意味着放弃了"计划汇率"模式,而转向以市场供求为基础的"浮动汇率"模式。

再看汇率的波动幅度。人民币汇率实行单一的、有管理的浮动汇率体制是符合我国国情的。从1994年全年看,人民币对美元的升值幅度在2.3%左右,比较稳定。这正是1994年汇率政策的成功之处。1994年不仅是外汇体制改革的第一年,而且还推出了财税、金融、投资、外贸等方面的配套改革,是我国走向社会主义市场经济体制的关键一年。在这种大背景下，保持人民币汇率稳定是保证改革顺利进行的一个必要条件。可以回忆一下，在1993年上半年，我国外汇调剂市场价格剧烈波动，人民币短期内大幅度贬值，两个月中从1美元兑换8元人民币跌至1美元兑换10.8元人民币，刺激了国内金融投机，造成金融秩序混乱。所以，中央银行1994年采用直接入市买卖外汇的方式，以保持人民币汇率的稳定，不仅是国内经济体制改革和货币改革的需要，也是国际上通用的方法。在西方发达的市场经济国家，中央银行对本币也有一个"目标汇率"，一旦市场汇率偏离"目标汇率"太远，中央银行就在外汇市场上买卖外汇实行干预。例如日本银行的"目标汇率"是1美元兑换100日元左右，今年几次日元大幅度升值时，日本银行就大量购入美元，抛出日元，以稳定汇率。1995年8月，美、日、德、瑞士中央银行联合入市购入美元，使美元汇率升值8%，也是一例。我国实行有管理的浮动汇率体制，这里的"有管理"与西方国家的"目标汇率"是一回事，"有管理"并不意味着行政干预。当然，现在所确定的汇率浮动目标幅度是否过窄，是否应该根据外汇市场情况进行调整，可以进一步研究。

  国外有一些人以我国中央银行外汇储备增加600多亿美元为依据，指责中国人民银行过度买入外汇而干预人民币汇率水平。这其实是一种误解。1994年实行银行结售汇制和银行间外汇市场体制，企业出口收汇全额由外汇指定银行结汇，企业不再保留现汇账户（也就不再有外汇存款）；外汇指定银行除保留规定的外汇头寸外，必须将多余外汇卖出，大部分也卖给中央银行。中央银行购入的外汇中，有相当部分类同原体制下外汇指定银行境内现汇存款的转移，1994年前10个月，工、农、中、建、交五大银行外汇存款不仅没有增加，反而比年初净下降49亿美元，说明许多内资企业先用掉原来的外汇存款。由此，在新外汇体制下，中央银行实际承担供汇的大部分，外汇储备中有相当部分要保持高度流动性以保证供汇。随着今后国内用汇需求的增加,中央银行供汇比重会逐步加大。另一个因素是今年外国投资迅速增加,有相当部分资本流入也通过各种途径结汇进入国家外汇储备。我认为,新的体制改革因素是外汇储备增加的主要原因,而必要的外汇储备增加又是中央银行保证供汇、促进人民币可兑换和稳定人民币汇率的基础。

三是人民币汇率钉住美元与其他币种的关系。1994年银行间外汇市场上买卖的外汇只有美元和港币,以每日交易加权平均价形成的人民币市场汇率实际上就是人民币对美元的汇率(港币与美元是联系汇率体制,比率基本固定)。这种汇率形成机制决定了人民币汇率实际上是钉住美元的。中国人民银行每日公布的其他币种汇率是根据那些外币与美元的市场汇率套算出来的。由此,国内一些外汇指定银行提出意见,由于中国人民银行公布了当天人民币对其他币种的汇率,并规定了每日浮动幅度,但是,国际外汇市场上其他外汇对美元的汇率波动幅度较大,且很不一致,因此,这种状况为美元、其他外币、人民币三角套利提供了条件,而且外汇指定银行要承担较大汇率风险和亏损。解决这一问题的方法有二:一是在我国银行间外汇市场上开办人民币对其他币种(如日元、德国马克)的交易;二是中国人民银行只公布人民币对美元的汇率,其他币种汇率由外汇指定银行根据国际外汇市场行情自己套算、自己挂牌,且允许当日有较大幅度浮动。

依我之见,应以第二种方法为主,第一种方法为辅。理由是,人民币汇率不应该,也无能力去影响美元对其他币种的汇率。即使开办人民币对其他币种的直接交易,其价格也受制于美元对其他币种的国际市场汇率,而且在操作上更为复杂。这时,人民币对美元汇率和人民币对其他币种汇率的比价在一个交易日内会有较大波动幅度,中央银行与外汇指定银行必然要在国内外汇市场中进行套利投机性交易。人民币对其他外币交易的种类越多,套利投机性交易的范围就越大。因此,在一段时期内,国内外汇市场上还不宜开办过多的币种交易,人民币对其他币种汇率的公布方式可以参照上述第二种方法进行改进。

三、我国外汇市场模式的选择

1994年建立的银行间外汇市场结束了过去市场分散的格局,运转良好,但也有不少争议:一是有形市场与无形市场之争,现在的市场究竟属于什么模式;二是外汇指定银行总行入市与分行入市之争;三是是否有必要在各省建立二级分市场;四是银行间市场与保留外汇调剂中心之间的双轨模式。

现行银行间外汇市场以上海的外汇交易中心为核心,与几个主要城市的分中心实行联网操作,该市场的主体是外汇指定银行;外汇交易以市场供求为基础,采取分别报价、统一撮合、集中清算的方法。该市场的竞争性是无可争议的,但就交易方式而言,仍属于有形市场。这里的关键点是买卖双方通过电脑统一撮合成交,双方的外汇、人民币资金由交易中心集中清算,买方不知卖方是谁,卖方也不知谁买了外汇。这种交易方式类似证券交易所的股票交易,属于有形市场的集中交易方式。有人提出要发展远程外汇交易,即把电脑终端移至外汇指定银行的办公室,但这仍属于有形市场交易方式,只不过交易员不在交易中心的大厅里,而在各自银行的办公室里,真正的无形市场是买卖双方直接通过电话(或传真机)进行交易,外汇和本币也直接进行清算。无形市场也需要一定的市场中介组织,但此时中介组织只提供寻价、唱价和确认交易和记录等项服务。我国将来必然要向现代外汇市场(无形市场)过渡,但现在条件还不具备,其中一个重要原因是外汇指定银行(特别是专业银行)还不是真正的现代商业银行,还没有建立起内部约束机制,甚至连国内银行间的本币货币市场都还很不健全,尤其是在人民币未实现经常项目下可兑换的情况下,外汇市场与本币货币市场还是分割的,资本项目的外汇流动还需严格管理,全面放开外汇市场的条件在短期内还不具备。

从我国银行间外汇市场开始运转之时,就存在总行入市与分行入市的争论。1996年5月外汇指定银行总行授权分行自营买卖外汇的共有33家,其中:工商银行14家,农业银行9家,建设银行4家,中信实业银行5家,光大银行1家;其余(即交通银行、外资银行和部分准许的信托投资公司)都是仅总行入市交易,中国银行名义上授权2家分行,实际全部交易都集中到总行。可见,两种方式从一开始就已经并存。从理论上说,一家银行所有可做国际结算业务的分支行,对外支付一般都集中在总行办理,分支行每天结汇、售汇业务量都要报至总行,总行每天把本系统的外汇头寸(包括在境外银行往来账户上的存款余额)轧差,得出总头寸,才能决定银行在银行间外汇市场上买卖外汇的数量和价格,以此达到全行的外汇平衡。所以,在境内银行间外汇市场,各银行由总行一家入市交易,是合理的和最有效益的,同时也符合各家总行集中资金管理、统一对本行支付流动性负责的改革方向。从我国实际出发,现阶段如果一家总行授权少数几家分行入市自营买卖一定限额的外汇也是可行的。这里有一个小矛盾:在电脑自动配寻成交的情况下,有可能出现本行内甲分行卖给乙分行的状况,这就会造成浪费。如果电脑装有本行内交易自动停牌装置,又违背了价格优先、时间优先的交易原则。所以,外汇指定银行是否授权分行入市,应由它们自行决定。

关于外汇交易中心是否要发展各地二级市场的问题,目前有两种意见:一种观点认为应坚持外汇指定银行总行入市原则,外汇头寸集中在总行入市平盘,故只要有一个一级交易中心就足够了,建立地方二级市场是重复投入、浪费资源,没有必要;另一种观点认为应该在若干大城市建立外汇交易分中心,与总中心联网,即可就地平盘,活跃外汇市场,加速资金周转,提高资金使用效益,也有利于地方外向型经济的发展。实际上,现在上海外汇交易中心已与19个城市分中心联网,形成一体,同步交易。建立分中心与否的问题实质是总行入市问题与现外汇调剂市场去留问题。如果是总行入市的体制,则分中心就会失去作用;反之,分中心就有存在的必要。另一个与此相关的问题是:在已联网的外汇交易分中心,银行间市场与外汇调剂市场的交易买卖混合了,即外汇指定银行(分行)在代理外资企业外汇买卖时,也是通过电脑集中撮合交易,类同银行自营外汇买卖,只不过统计是分开的,这样做会使银行间外汇市场的体制走样。

关于我国外汇市场是否要开办人民币的外汇远期交易和外汇期货交易问题,我认为现在还为时过早,将来也要分步进行。金融机构之间的外汇远期交易和外汇期货交易,确属一种避免汇率风险的机制,但投机性很强,事关我国人民币汇率和外汇市场稳定,在近期内还不能开办。当前国际金融市场外汇期货及其衍生产品交易非常活跃,对世界经济体系冲击很大,例如德国1993年下半年遭受外汇期货冲击,其央行动用了500亿马克也没能稳定住汇率。为了防止国际金融市场上的汇率波动影响我国外汇市场,国内目前还不应当开办人民币的外汇远期交易和外汇期货交易。

四、外商投资企业外汇管理问题

这次外汇管理体制改革对外商投资企业(下称三资企业)维持原政策不变。

首先是三资企业如何与结售汇制衔接。从1994年的实际情况看,有相当多的三资企业的外汇通过直接或间接的方式在外汇指定银行结汇,有些三资企业甚至提出要加入结售汇体制。事实上,当初决定三资企业保留现汇制,完全是为了方便三资企业的外汇收支,并且考虑到三资企业政策的稳定性。现实中有部分三资企业需要大量长期性人民币资金,在内资企业退出外汇调剂市场后,调剂市场上外汇需求相对下降,人民币资金供给就比以前减少,此时这些三资企业寻求外汇指定银行结汇以得到人民币资金是很自然的。把三资企业拒之结汇大门之外,显然是行不通的,也是不对的。现在对这个问题有三种思路:一是把三资企业纳入全额结售汇制,视同内资企业;二是三资企业实行意愿结汇,即三资企业可以结汇,也可保留现汇账户,但必须先用完自有现汇之后才可向银行购汇;三是由三资企业在结售汇制(视同内资企业做法)和现汇制(视同三资企业做法)之间作一选择,一旦选定后就不能变更。实际上,第二、三种方式也是过渡性的,一旦真正实施还会出现新的矛盾。最终办法是三资企业在外汇管理方面实行国民待遇,与内资企业一样。但现在条件还不具备,例如现在就将三资企业纳入结售汇制,会涉及外资银行开办人民币业务问题,进而又涉及税收问题。

其次是外汇调剂市场。与银行间外汇市场相比,现外汇调剂市场的市场主体、交易方式都不同,市场主体是三资企业,交易采用柜台制,由外汇经纪商按当日公开的市场汇率进行交易。从长期看,分隔两个市场,并采取不同的交易机制的做法,是违背市场经济运行一般规则的。但现实中,只要三资企业保留现汇制,外汇调剂市场就难以取消。有人提出,在三资企业意愿结汇或保留现汇制下,也可以取消调剂市场,三资企业可向银行购汇,其程序视同在外汇调剂市场购汇,实行审批制。这样做也会有矛盾,三资企业一定会说,为什么内资企业一般购汇不用审批,而我们需要审批,这不平等;另外也涉及外资银行售汇业务,即人民币业务问题。由此看来,外汇调剂市场还要保留一段时期。

第三是三资企业的外汇平衡问题。这是目前三资企业外汇管理中议论最多的一个问题。这里的外汇平衡有四个层次：一是单个企业的外汇平衡；二是一个地区（如一个省）的三资企业外汇平衡；三是全国三资企业作为一个行业的外汇平衡；四是打破三资企业与内资企业的界限，指整个国民经济的外汇平衡。显然，第一种企业内的平衡已难以做到，一般加工类三资企业或许可以，但一些大型基础项目投资企业就不行了；第二种地区平衡目前也相当困难，尽管各地外汇调剂市场在地区平衡中发挥了很大作用，但跨省的外汇调剂还在不断增加，地区平衡的界限正逐渐突破；第三种整个三资企业行业的外汇卖出大于买入，预计这一趋势还会保持下去，因为外资流入势头不减。正是基于这样的判断，我国外汇管理部门对三资企业正常的用于生产、经营、还本付息和汇出红利的购汇要求，始终采取积极支持的态度，购汇审批也是很实事求是的。管理重点是防止逃税、逃汇、套汇、洗钱和利用三资企业搞资本外流。平衡问题的关键是三资企业要信守合同，包括资本金及时全额到位，坚持内外销比例；只要信守合同，合理的购汇需求应当予以满足。

1996年6月，中国人民银行宣布，从1996年7月1日起，境内外商投资企业可以实行银行结售汇体制，并取消在经常项目下对个人汇兑的限制，在1996年年底前实现人民币在经常项目下可兑换。由此，新一轮外汇体制改革基本告一段落。

参 考 文 献

Blanchard, O. J., "Why Does Money Affect Output? A Survey," *Handbook of Monetary Economics*, vol 2, pp. 779-836, edited by Friedman, B. M. and Hahn, F. H., North-Holland, 1993.

Cukierman, A., *Central Bank Strategy, Credibility, and Independence: Theory and Evidence*, Cambridge, MIT Press, 1922.

Friedman, M., "The Role of Monetary Policy," *American Economic Review*, 58:1-17, 1968.

Fry, Maxwell J., *Money, Interest, and Banking in Economic Development*, Johns Hopkins University Press, 1995.

Lucas, R. E., "Expectations and the Neutrality of Money," *Journal of Economic Theory*, 4:103-124, 1972.

Modiliani, Franco., *The Debate over Stabilization Policy*, Cambridge University Press, 1986.

World Bank, World Development Report 1989, New York, Oxford University Press, 1989.

贝多广主编:《证券经济理论》,上海人民出版社1995年版。

中国金融学会:《中国金融年鉴》,1990—1995年,中国金融出版社。

中国人民银行:《中国人民银行年报》,1990—1995年。

中国人民银行资金管理司:《中央银行信贷资金管理》,甘肃人民出版社1990年版。

中国人民银行资金管理公司:《利率实用手册》,西南财经大学出版社1996年版。

吴晓灵、谢平:"转向市场经济过程中的中国货币政策",《经济导刊》1993年第4期。

谢平:"经济转轨中的通货膨胀和货币控制",《金融研究》1994年第4期。

谢平:"中国经济转轨中的利率市场化问题",《财贸经济》1995年第8期。

周正庆:《中国货币政策研究》,中国金融出版社1993年版。

周小川、谢平等:"人民币走向可兑换",《改革》1993年第6期。

后　　记

　　本人近几年来参与了一些有关金融体制改革和货币政策的事情,总觉得理论不足,于是就动笔写了这本书。本书第三章和第四章分别得到张槠先生、赵辰宁先生和武小萍女士的帮助。另外,本书的研究成果是北京竞联智库咨询公司的系列研究课题之一,该系列研究课题得到南都集团的赞助。

作者

1996 年 7 月 15 日